EY新日本有限責任監査法人／公認会計士・税理士

太田 達也 著

株主総会質疑応答集

財務政策

LOGICA

ロギカ書房

は じ め に

　本書は、株主総会における「財務政策」に関連した想定質問を多数掲載したものであり、取締役や監査役等が株主総会に臨むにあたって、財務政策に関連する質問に対する回答を組み立てる上で、参考となるように意図して執筆されたものである。したがって、取締役・監査役等の役員のみならず、株主総会の担当者にとっても有益となるものと考えられる。

　近年、国際会計基準とのコンバージェンスの進展に伴って、財務会計に関する制度改正が矢継ぎ早に行われており、新しい会計基準が多数導入されている。新聞、雑誌等において、財務会計に関する話題が取り上げられる機会も以前とは比較にならないと思われる。

　また、コーポレートガバナンス・コードにおいて、資本政策、ROE、役員報酬等、政策保有株式に対する方針など、財務に関連する原則が多数置かれていることも、経営者の財務政策に関する意識を高める要因になっている。株主総会における株主からの質問も多く提起されていることは周知のとおりである。

　「第1章　令和2年株主総会にあたっての留意事項」においては、財務会計的見地から、財務政策に係る留意事項および会計問題に係る留意事項を取り上げている。特に、財務政策・財務方針について、経営者としてのスタンスを固めておくことが必要であろう。また、会計問題については、各種会計基準が経営に与える影響、経営との関係などを総合的に整理しておくことが肝要であると考えられる。

　「第2章　各種会計基準に関する質疑応答」、「第3章　内部統制制度に関する質疑応答」、「第4章　事業報告の会計に関する質疑応答」、「第5章　会社法の計算書類に関する質疑応答」、「第6章　会社法の会計に関する質疑応答」、「第7章　監査役に対する質疑応答」、「第8章　会計・税務の時事問題に関する質疑応答」および「第9章　コーポレートガバナンス・コードの対応」とテーマ

別に項目を分けた上で、想定質問に対する回答例を具体的に提示し、その内容に関する解説を行い、かつ、法的根拠、キーワード、関連質疑をできる限り盛り込んでいる。また、関連質疑についても、回答例を記述することにより、全体としては、相当数の想定質問がカバーされている。各企業の状況等に当てはめて、回答例や解説を参考にしていただければ幸いである。

　最後に、本書の企画・編集・校正にあたり、（株）ロギカ書房の橋詰守氏にご尽力いただいた。この場を借りて、心から謝意を申し上げたい。

令和2年2月吉日

公認会計士　太田　達也

目次

はじめに

第1章　令和2年株主総会にあたっての留意事項

第2章　各種会計基準に関する質疑応答

第3章　内部統制制度に関する質疑応答

第4章　事業報告の会計に関する質疑応答

第5章　会社法の計算書類に関する質疑応答

第8章　会計・税務の時事問題に関する質疑応答

第9章　コーポレートガバナンス・コードへの対応

令和2年株主総会に
あたっての留意事項

　令和2年株主総会にあたって、財務会計的見地からの留意事項を解説する。企業としての財務政策・方針を明確にし、株主に対してそれについて説得力をもって説明できることが重要といえる。

　財務政策としては、借入、社債、増資等による資金調達の方針だけでなく、資産運用に係るポートフォリオの方針、配当政策、自己株式の取得や処分に対する方針などを広く含めた経営方針であり、経営者として一定のポリシーを確立していることが求められる。東京証券取引所から公表されている「コーポレートガバナンス・コード」において、資本政策が株主の利益に重要な影響を与えることから、資本政策の基本的な方針について説明を行うべきとされている。

　また、会計問題について経営面に与える影響を理解し、株主の持つ疑問に対して的確な説明ができるようにしておくことが求められる。すでに導入済みの会計基準だけでなく、今後導入予定の会計基準についても、企業経営に与える影響と対応策を固めておくことが肝要である。

Ｉ　財務政策に係る留意事項

1．資金調達方針とその説明

(1)　設備資金の調達

　資金調達は大きく、設備資金の調達および運転資金の調達に分類される。

　設備資金の調達手段としては、事業投資から生み出される収益を原資として

長期間にわたって返済されることが想定されることから、長期安定的な資金調達が望ましい。したがって、事業投資およびそれに対応した資金調達手段を関連づけながら、中長期計画の中にそれを具体的に盛り込んでいくことが必要になる。具体的な調達手段としては、新株発行、社債、長期借入金などが考えられる。市場環境、株価、金利の状況等を勘案しつつ、調達手段を選択していくことになるが、一方において事業投資の投資回収期間を考慮して、その期間とのマッチングにも配慮することが必要である。

　また、新株や新株予約権の発行による第三者割当増資で資金調達を図る場合は、既存の株主の株式価値の希薄化が生じないのかどうかについて、特に慎重に検討を行う必要がある。この点については、「企業内容等の開示に関する内閣府令の一部を改正する内閣府令」（平成21年内閣府令第73号）により、開示規制が強化されており、企業としての説明責任に留意する必要がある。

　さらに、「コーポレートガバナンス・コード」において、支配権の変動や大規模な希釈化をもたらす資本政策（増資、MBO等を含む）については、既存株主を不当に害することのないよう、取締役会・監査役は、株主に対する受託者責任を全うする観点から、その必要性・合理性をしっかりと検討し、適正な手続を確保するとともに、株主に十分な説明を行うべきであるとされている点に留意する必要がある。

　設備資金の返済原資が不足するような事態が生じないように、資金計画の見直しを適宜行うことが必要であり、資金調達に係る流動性リスク（支払期日に支払いを実行できなくなるリスク）を低減するようなリスク管理体制の整備が経営上の観点から求められる。

(2)　運転資金の調達

　運転資金の調達については、機動的な調達が可能であって、かつ、余裕資金が生じたときに返済も適宜できる性質の調達手段が望まれるため、手形借入、当座貸越、貸出コミットメントライン、CP（コマーシャル・ペーパー）などが広く利用されている。一方、運転資金についての一時的な資金逼迫に対応でき

るように、余裕資金を持っておくことも重要である。短期的な資金運用を行うことにより、運転資金の調達を補完できるようにしておくことも必要である。

(3)　「金融商品に対する取組方針」の説明

　「金融商品に関する状況」の「金融商品に対する取組方針」として、金融負債に係る資金調達方針およびその手段（内容）、償還期間の状況などが記載対象になるものと考えられるが、上記の考え方をベースとし、設備資金および運転資金に分けて説明することが考えられる。資金調達方針の説明としては。次のような例が考えられる。

資金調達方針の説明例

> 　当社グループは、主に○○の製造販売事業を行うための設備投資計画に照らして、必要な資金を社債発行および銀行からの長期借入により調達しております。一時的な余資は安全性の高い金融資産で運用しており、また、短期的な運転資金を銀行借入により調達しております。デリバティブについては、リスクを回避するためにスワップ取引を利用しており、投機的な取引は行わない方針であります。

(4)　資金調達に係る流動性リスク

　資金需要が増加する局面においては、資金調達に係る流動性リスク（支払期日に支払いを実行できなくなるリスク）が強く意識される。その際、最も重要なことは、資金調達に係る流動性リスクを低減するようなリスク管理体制をとっていることである。例えば資金繰計画の作成・更新により、手元流動性が確保されるようにしておくことが考えられる。リスク管理体制の説明としては、次のような例が考えられる。

資金調達に係る流動性リスク（支払期日に支払いを実行できなくなるリスク）の管理に係る説明例

> 　当社は、各部署からの報告に基づき、定期的に財務部が資金繰計画を作成・更

4

新しています。手許流動性を連結売上高の○か月分相当に維持するようにしているなど、流動性リスクを管理しております。

　当社グループは、主に○○の製造販売事業を行うための設備投資計画に照らして、必要な資金を社債発行および銀行からの長期借入により調達しております。一時的な余資は安全性の高い金融資産で運用しており、また、短期的な運転資金を銀行借入により調達しております。デリバティブについては、リスクを回避するためにスワップ取引を利用しており、投機的な取引は行わない方針であります。

２．資金運用方針

⑴　リスク管理体制

　資金運用としては、専門のトレーディング（運用）部門を有している場合を除いて、余資を安全性の高い金融資産で運用しているケースが少なくないと考えられる。専門のトレーディング部門を有しており、リスク管理体制が厳格に整備されている場合でなければ、リスクの高い金融資産での運用を行うことは望ましくないと考えられるからである。したがって、余資を安全性の高い金融資産で運用しているものについては、そのとおり説明すれば足りる。

　しかし、政策保有株式や中長期の投資目的で保有する株式については、市場価格の変動リスクが存在するし、また、外貨建ての有価証券を保有する場合には、為替リスクが存在する。このような市場リスクに対してどのようなリスク管理体制を整備しているのかが重要である。

⑵　政策保有株式に係る保有方針

　「コーポレートガバナンス・コード」において、上場会社が政策保有株式として上場株式を保有する場合には、政策保有株式の縮減に関する方針・考え方など、政策保有に関する方針を開示すべきであるとされている。また、毎年、

取締役会で、個別の政策保有株式について、保有目的が適切か、保有に伴う便益やリスクが資本コストに見合っているか等を具体的に精査し、保有の適否を検証するとともに、そうした検証の内容について開示すべきであるともされている。

　取締役会において、保有に伴う便益やリスクが資本コストに見合っているか等を具体的に精査し、保有の適否を検証した結果、保有に伴う便益やリスクが資本コストに見合っていないと判断される銘柄については、処分も含めた今後の対応を明確化すべきものと考えられる。

3．金融商品に係るリスク管理体制

　「金融商品に関する注記」の中で「金融商品に係るリスク管理体制」が開示される。市場リスクに対して、どのようなリスク管理体制がとられているのか、経営者としては株主に対して説明する義務があると考えられる。

　金融商品に係るリスク管理体制には、リスク管理方針、リスク管理規程および管理部署の状況、リスクの減殺方法または測定手続等が含まれる。市場リスクに係るリスク管理体制として、次のような例を示す。

市場リスク（為替や金利等の変動リスク）の管理に係る説明例

　有価証券および投資有価証券については、中長期的に保有する方針ですが、定期的に時価や投資先企業の財務状況等を把握しております。また、満期保有目的の債券以外のものについては、投資先企業との関係を勘案して保有状況を継続的に見直しております。

　為替および金利変動のリスク・ヘッジのためにデリバティブ取引を利用していますが、デリバティブ取引につきましては、取引権限や限度額等を定めたデリバティブ取引管理規程に基づき、半年ごとに経営会議で基本方針を承認し、これに

従い財務部が取引を行い、経理部において記帳および契約先と残高照合等を行っております。月次の取引実績は、財務部所管の役員および経営会議に報告しており、基本方針への適合性についてチェックがされています。連結子会社についても、当社のデリバティブ取引管理規程に準じて、管理を行っております。

4．配当政策

(1)　内部留保との関係

　配当については、一定の方針を定め、その方針に則り行っていくことが求められる。配当政策は、内部留保との関係で考慮されることが考えられる。すなわち、税引後当期純利益から配当を控除した残額が内部留保となるが、将来の事業投資に対して内部留保を手厚く確保しようとするほど、結果として配当額は一時的に減少する関係になる。ただし、将来の事業投資が成功すれば、その結果として将来の配当額も増加することになる。

　内部留保により多く振り向ける場合は、中長期の投資方針である株主の理解は得られやすいが、短期的なキャピタル・ゲインの獲得を目的にした株主の理解は得られにくい。短期的な投資を行う株主にばかり目を向けるわけにはいかないため、企業として配当と内部留保のバランスをどのように考慮しているのか、そのスタンスを固めることが肝要である。

　また内部留保は、将来の事業投資に振り向ける原資になるという点において資本調達の面を持っているわけであるが、外部からの調達のように資本供給者のチェックを受けないため、経営者が必要のない内部留保を行い合理的でない投資に振り向けるリスクが存在することも考えられる。そのようなリスクが顕在化すると、結果として企業価値を損なうことになる。過剰な内部留保に対しては、株主が厳しい目を向け、増配要求を行うのももっともといえる。

　したがって、経営者としては、内部留保について将来の事業投資計画との整

合性を考慮せざるを得ない。その上で、配当と内部留保とのバランスが適正であるとの説明ができることになる。

(2)　業績の状況と配当水準

　業績が回復している企業においては、株主からの増配の要求がされる可能性がある。配当水準の決定にあたって、今後の事業投資資金のための内部留保との関係なども十分に勘案した上で、妥当な水準を判断している旨を、株主の納得が得られるように説明できる必要があると考えられる。

　一方、企業業績が本格的に回復しない企業の場合、経営の安定性がより重視されるようになる。企業においては資金調達に係る流動性リスク（支払期日に支払いを実行できなくなるリスク）が強く意識され、多額の元利返済義務を抱えていると倒産リスクが高まるため、負債を圧縮しようという誘因が働くようになる。業績低迷下においては、負債を可能な限り圧縮し、一定の手元流動性を確保しようという傾向になるが、そのような傾向が強まると、減配や無配を決定するケースも出てくる。そのような場合に問われるのは、経営の安定性の観点から、株主にその必要性を説明できるようにしておくことである。単純に減益イコール減配ということでなく、それが経営の安定性確保の一環として特に求められているという説明である。

5．自己株式の取得・処分に対する方針

　景気が良好なときは、株主に対する剰余金の払戻しを意図したり、合併、会社分割、株式交換等の企業組織再編やM&Aの対価として活用することを想定したり、自己株式を取得する一定のニーズが生じる。

　ところが、業績が不安定である場合は、自己株式の取得に対するニーズは低減する。第1に、株主に対する払戻しを行うことに消極的にならざるを得ない。

負債を圧縮し、手元流動性を確保したいという状況下で、株主に対する資金の流出を避けるのが通常であるし、業績低迷により、剰余金が減少する状況下において、払戻しをする誘因も働かないからである。

　過去に取得した自己株式をそのまま保有しているケースで迎える株主総会において、自己株式についての質問がなされたときに、自己株式の取得・処分に対する方針をどのように説明すべきであろうか。

　株主総会では、過去に取得した自己株式の処理方法について説明を求められる可能性がある。この点については、次のように考えられる。自己株式については、会社法上、保有期間に係る制限はないため、一定期間保有を継続することも十分にあり得るが、将来の状況如何によっては合併、分割などの組織再編行為の対価として用いるか、また、使用見込みがない場合に取締役会決議に基づき消却を行うこともあり得る。それは、その状況によってその都度判断されるべき問題である。すなわち、保有期間に係る制限は特になく、現時点において処理方法を定めておかなければならないというものではない。

　また、自己株式の処理方法については、これを決定した時点で公表すべきであり、自己株式の処分（会社法199条1項）は、金融商品取引法の「重要事実」に該当する。株主総会の場で未公表の内容を説明してはいけない点に留意する必要がある。株主総会においては、処理方法を決定次第公表する旨を補足することが考えられる。

Ⅱ　会計問題に係る留意事項

　国際会計基準とのコンバージェンスが進展する中、株主の会計に関する関心が高くなっていることは否定できない。そのような中で、最近では株主総会において会計に関連する質問が増加傾向にある。

　経営者としては、会計問題について経営面に与える影響について一定の理解をするだけではなく、株主の持つ疑問に対して的確な説明ができるようにしておくことが求められる。実務的な問題ではなく、経営的な観点からの理解という意味である。経理部長に任せておけばよいという姿勢は現在では通用しないと考えられる。すでに導入済みの会計基準だけでなく、今後導入予定の会計基準についても、企業経営に与える影響と対応策を経営的観点から固めておくことが肝要である。

1.　各種会計基準の経営面に与える影響

　すでに導入済の会計基準としては、「税効果会計に係る会計基準」「金融商品に関する会計基準」「固定資産の減損に係る会計基準」「退職給付に関する会計基準」「企業結合に関する会計基準」などが企業経営と密接に関わっているものと考えられる。次にそれぞれの会計基準ごとに経営的な観点からの留意事項、検討課題などを解説する。

(1)　税効果会計に係る会計基準

　「税効果会計に係る会計基準」については、繰延税金資産の回収可能性の検討において、将来の業績予測に基づく課税所得の十分性が重要なポイントである。その将来の業績予測が、取締役会や常務会等で承認された正式な事業計画や経営計画に基づいている前提が置かれていることから、回収可能性を検討した結果としての繰延税金資産の数値が、結果として将来の事業計画・経営計画とリンクする面が生じる。経営者が将来の事業計画等についてどのような見通しを持っているのか、それが繰延税金資産の数値に反映されるということである。もちろん将来予測に基づいており、その数値に対して責任を負うという意味ではないが、広い意味での説明責任を負うという見方がとり得る。

(2)　金融商品に関する会計基準

　第1に、持合株式について含み損が生じているような場合に、株主からその取得・保有の合理性を問われることが想定される。買収防衛の観点から、株式の持合いがかつては増加傾向にあった。持合株式は、取引先など業務上の必要性から保有しているものが多いのは事実である。「コーポレートガバナンス・コード」において、個別の銘柄ごとに、その保有目的が適切であるのかどうか、保有に伴う便益やリスクが資本コストに見合っているのかを精査すべきこととされている点に留意する必要がある。その影響により、近年、持合株式は減少傾向にある。保有を継続することの合理的な説明がつかないものについては、処分の方針を定めることが考えられる。

　第2に、「金融商品に関する会計基準」の改正により、「金融商品に関する注記」が求められることになり、そのうち「金融商品の状況に関する注記」の中で資金調達方針および資金運用方針、金融商品の内容およびそのリスク、金融商品に係るリスク管理体制などを開示する。それらは経営者によって承認されたものが公表されるべきであることはいうまでもない。

　特にリスク管理体制については、内部統制と密接に関わっていると考えられる。金融商品の取引から生じ得るリスクをあらかじめ十分に想定しておいて、

それに対するリスク管理体制を整備することが求められることを意味しており、リスク管理体制の不備によって多額の損失が生じるようなことがあれば、それは経営者の責任問題となることはいうまでもない。

　リスク管理体制をどのように構築するのか、経営上の検討課題ととらえることができる。

⑶　固定資産の減損に係る会計基準

　固定資産の収益性が著しく低下した場合に、減損損失の計上に至る。「固定資産の減損に係る会計基準」は、事業投資の回収可能性の視点が重要なポイントである。投資したお金（キャッシュ・アウト）がその投資した固定資産から稼得されるお金（キャッシュ・イン）によって回収されるのかどうかをチェックする会計基準であり、明らかに回収可能性がないと判断される固定資産について、その帳簿価額を回収可能価額まで減額する内容である。将来に損失を繰り延べないために行う会計処理であるとされている。

　固定資産について多額の減損損失を計上した場合、それは投資の失敗を意味することになる。その投資の失敗が、投資後の事業環境の変化や想定できなかった陳腐化の発生等によるものであるのか、あるいは、経営者の投資に対する見通しの判断に問題があったのかが問われることになる。

　株主総会において、減損損失の計上に係る投資の判断についての質問が少なからず出されるのは、投資の意思決定に係る判断の適正性について株主が関心を持たざるを得ないからである。

⑷　退職給付に関する会計基準

　「退職給付に関する会計基準」が平成24年5月17日付で改正された。その改正事項の中で特に財務面に大きな影響を及ぼしたと考えられるのが、未認識の数理計算上の差異および未認識の過去勤務費用の即時認識であり、平成25年4月1日以後に開始する事業年度に係る年度末の連結財務諸表から適用されている。

　年金の運用成績について期首に仮定した期待運用収益に対する期末に確定した実際運用損益との差異が数理計算上の差異に反映される。自社にとっての年金制度のあり方、年金資産の運用方針を検討すべき機会が生じたと考えられる。退職給付制度の制度設計や年金資産の運用方針などは、正に経営問題そのものである。経営者の考え方、方針を確認したいと考えている株主や投資家は少なくないように思われる。定時株主総会を迎えるにあたって、年金制度を含む退職給付制度について、考え方や方針を問われた場合の想定問答を準備しておくべきであると考えられる。

⑸　企業結合に係る会計基準

　「企業結合に係る会計基準」は、合併、会社分割、株式交換等の企業組織再編における会計処理のルールを定めている。特に、企業結合が「取得」と判断されるときに、パーチェス法を適用する。実質的には、いずれかの結合当事企業による新規の投資と同じであり、被取得企業から純資産を時価で受け入れ、対価として交付する財産（通常は、取得企業の株式）の時価との差額を「のれん」として計上する。

　この「のれん」は、償却の対象となるばかりか、減損の対象にもなり得る。買収の効果が期待したとおり発揮されないと、のれんの償却負担が業績の足を引っ張る結果となる。そのような状況が発生した場合には、経営者としては、一定の説明責任が求められるものと考えられる。また、「のれん」が減損処理の対象となった場合は、買収（投資）の失敗を意味することになるため、特に説明責任が強く求められるものと考えられる。いずれにしても、「のれん」およびその償却等の数値が、企業活動の成果を表すことになる点に留意する必要がある。

⑹　賃貸等不動産の時価等の開示に関する会計基準

　「賃貸等不動産の時価等の開示」が、「金融商品の時価等の開示」と同じ平成22年3月31日以後に終了する事業年度の年度末に係る財務諸表から適用され

た。有価証券報告書の財務諸表だけではなく、会社法計算書類においても開示対象とされている点も、「金融商品の時価等の開示」と同様である。

　賃貸収益またはキャピタル・ゲインの獲得を目的として保有されている不動産が開示の対象であり、将来の使用が見込まれていない遊休不動産も対象になる点に留意が必要である。開示項目としては、①賃貸等不動産の概要、②賃貸等不動産の貸借対照表計上額および期中における主な変動、③賃貸等不動産の当期末における時価およびその算定方法、④賃貸等不動産に関する損益の4つであり、特に賃貸等不動産に関する損益が開示対象とされている点は重要なポイントである。

　経営的観点からみた場合、賃貸等不動産の時価が賃貸等不動産の貸借対照表計上額（帳簿価額）を下回るものについては、取得時期の問題など説明ができるようにしておく必要がある。また、賃貸等不動産の損益（特に収益）が貸借対照表計上額および時価に比して明らかに少額となっているものについて、その理由と今後の対処方針を示すことが求められよう。

　ただし、管理状況等に応じて、注記事項を用途別、地域別等に区分して開示することができるものとされており、グルーピングによる開示が認められている。個別物件ごとの開示をすると、その説明に要する負担も増加すると考えられることから、グルーピングによる開示を行う企業が多いのが実情である。

(7)　セグメント情報等の開示に関する会計基準

　「セグメント情報等の開示に関する会計基準」では、マネジメント・アプローチが採用されている。すなわち、マネジメント・アプローチとは、「企業の最高経営意思決定機関（企業の事業セグメントに資源を配分し、その業績を評価する機能を有する主体であり、取締役会、執行役員会議といった会議体であるほか、CEO、CFOといった個人である場合などが考えられる）が経営上の意思決定を行い、また、企業の業績を評価するために、その経営成績を定期的に検討する構成単位（事業部、部門、子会社または他の内部単位に対応する企業の構成単位）に関する情報を提供する。」という考え方である。

　取締役会等の最高経営意思決定機関に定期的に報告されているセグメントに関する情報を投資家に対して提供するという考え方は、経営者が経営判断において用いているセグメントと投資家に対して財務諸表において情報提供する「セグメント情報」のセグメントを基本的には一致させるということである。経営資源の配分や業績評価に係る経営者の判断において用いている区分を投資家向けの財務情報の区分に一致させていくという考え方である。

　「セグメント情報」は、従来から、経営管理と密接に関連した位置づけとして認識されているが、今回の改正により、経営者の経営判断に係る情報が投資家に対して提供されやすくなるという見方もとり得る。

　会社法の計算書類においては、「セグメント情報」は開示項目ではないが、有価証券報告書や決算短信において開示されている内容を株主が参考にすることが考えられるため、「セグメント情報」において開示されている内容を意識して、株主総会に臨むことも必要であると考えられる。

2．国際会計基準

　平成25年6月19日付で、企業会計審議会から「国際会計基準（IFRS）への対応のあり方に関する当面の方針」（以下、「当面の方針」）が公表された。その方針を受けて、平成27年6月30日に企業会計基準委員会から修正国際会計基準が公表されている。

　多くの国において、エンドースメント手続（自国の会計基準にIFRSを取り込む手続）が採用されていて、IFRSの基準の一部を採用しない方法を採用しているのに対して、ピュアIFRSをそのまま採用している国は少ない。修正国際会計基準の公表は、エンドースメント手続により、日本にとってのあるべきIFRSを創設するという趣旨に基づくものである。ただし、国際会計基準を任意適用する企業のほとんどは、ピュアIFRSを適用しており、修正国際会計基

準を適用する企業はほとんどないのが実情である。

　修正国際会計基準の導入後は、日本において「日本基準」、「ピュア IFRS」、「修正国際会計基準」、「米国基準」の4つが併存することになった。

　国際的に事業展開している企業の中には、連結グループの各企業においてIFRS で統一的に会計処理を行うことによるコストの軽減、海外の同業社との財務諸表の比較可能性という観点から、IFRS の任意適用に関心を示している企業がある。

　一方、国際会計基準の任意適用自体に関心のない企業（日本基準をそのまま継続して適用していく方針の企業）の場合は、そのような検討・準備自体が当面必要ないことも考えられる。

　企業の経営サイドとして、今後の対応方針を検討する必要があると考えられる。

2

各種会計基準に関する
質疑応答

Ⅰ 「金融商品に関する会計基準」に 関する質疑応答

質疑-1　株式の減損

　当社の保有している株式について多額の評価損が計上されています。投資判断に問題があったからではないですか。その銘柄別の内訳とこれだけの損失が発生した理由を説明してください。

応答-1

　株式の取得価額に対して期末時の時価が大幅に下落した銘柄が生じたことによるものです。個々の銘柄についての投資理由についての説明は省略させていただきますが、総体的には純投資ではなく取引先との関係強化がその主な理由です。取締役会では、保有することによるリターンとリスクなどを踏まえた中長期的な経済合理性や将来の見通しを検証しており、取引先との関係強化にプラスになっているとの判断に基づいて保有を継続しているものです。また、純投資目的ではありませんので、投資判断に原因があったわけでは決してないものと認識しています。また、銘柄ごとの内訳ですが、その代表的なものは○○、○○です。

キーワード

評価損（または減損）

投資判断

【解説】

　有価証券の減損については、企業会計基準第10号「金融商品に関する会計基準」（以下「金融商品会計基準」という）の適用により、時価が著しく下落したときは、回復する見込みがあると認められる場合を除き、時価をもって貸借対照表価額とし、評価差額は当期の損失として処理しなければならないとされている（金融商品会計基準20項）。また、個々の銘柄の有価証券の時価が取得原価に比べて50％程度以上下落した場合には「著しく下落した」ときに該当するものとされ、この場合には、合理的な反証がない限り、時価が取得原価まで回復する見込みがあるとは認められないため、減損処理を行わなければならないとされている（「金融商品会計に関する実務指針」91項）。

　株式の個々の銘柄ごとの株価は、株式市況全体の環境や需給要因によっても大きく影響を受ける。また、株式を取得した当初において予想できないその後の事象によっても影響を受けるケースが少なくない。特に純投資目的ではなく、取引先との関係強化という政策保有目的の株式については、予想が困難な株価の下落が原因である場合には、投資判断に問題はないと考えられる。

　また、時価が帳簿価額に対して30％以上50％未満の下落率の場合は、企業が「著しく下落した」と判断するための合理的な基準（文書化が必要）を設け、その基準に基づいて回復可能性の判定の対象とするかどうかを判断することになる。回復可能性の判定の対象とする銘柄について回復可能性を判断した上で減損処理を行うかどうかを決定するが、企業によっては、時価が帳簿価額に対して30％以上下落しているものについて、回復可能性を検討した上で減損処理するルールを保守的に設定しているところもあり、その後の株価の回復状況によってはプラスのその他有価証券評価差額金が発生する場合もある。

　持合株式は、一般に取引先との関係強化という目的で取得されており、純投資目的ではないことから、原則として、時価の下落に伴う減損について直ちに投資判断に問題があったとはいえないものと考えられる。また、持合株式については、ある程度開示がされているため、代表的な銘柄は説明してよいと考えられる。

法的根拠

「金融商品に関する会計基準」20項

会計制度委員会報告第14号「金融商品会計に関する実務指針」91項

関連事例

【質疑】多額の評価損が生じているが、主にいつ頃取得したものなのですか。
処分するタイミングの判断が誤っていたのではないですか。

【応答】主に取引先との関係強化の必要から取得したものですが、取得時期については銘柄によって異なります。取引先との関係を維持する観点から、保有を継続する方針を取締役会における審議により確認しています。処分を予定しているものは現状ではほとんどありません。

――――――

【質疑】これだけの評価損が計上されていますが、税務上は損金として認められているのですか（納付税金はその分減っているのですか）。

【応答】税務上損金として認められるかどうかの判断については、個々の銘柄ごとに行っています。評価損を計上した銘柄のうちおおむね半分程度の銘柄については、税務上認容しています。

質疑- 2 　下落率30％から50％の銘柄に係る評価損の計上基準

その他有価証券については、時価が取得原価に対して30％以上50％未満の下落率である銘柄は、一定の判断基準を設け、回復可能性を検討した上で減損するかどうかを判断するルールになっているはずです。当社の場合、どのような判断基準を設けているのですか。

応答- 2

当社においては、財務の健全性を重視し、銘柄別に30％以上の下落率が過去の一定期間において連続している場合に、回復可能性を判断した上で減損処理を行うルールを設定しています。この基準は、客観的、かつ、財務安全性の観点を重視したものと考えています。

キーワード

回復可能性の判断に関する合理的な基準
減損処理の要否

【解説】

「金融商品に関する会計基準」およびその実務指針においては、事業年度末の時価が取得原価に比べて50％程度以上下落した場合には、合理的な反証がない限り、回復する見込みのないほど著しい下落があったものとみなして、減損処理を行わなければならないものとしている。一方、下落率が30％以上50％未満の銘柄については、企業が「著しく下落した」と判断するための合理的な基準（文書化が必要）を設け、著しく下落したと判断される銘柄について回復可能性を検討した上で減損するかどうかを判断するルールになっている。

下落率が30％以上50％未満の銘柄については、著しく下落したかどうかの判

断に関する合理的な基準を設ける必要がある。恣意性を排除するために、「合理的な基準」については文書をもって設定しておき、毎期継続的に適用することが必要である。また、設定した「合理的な基準」については、その内容を注記において説明することが望ましいとされている。個々の銘柄の有価証券のうち合理的な基準に該当するものについては、時価の回復可能性の判定を行い、減損処理の要否を決定しなければならない（金融商品会計に関する実務指針284項）。

関連事例

【質疑】有価証券の減損処理の判断基準はどのようになっているのですか。

【応答1】時価の下落率が50%以上のものについては、合理的な反証がない限り減損処理を行い、それ以外のものについては、決算日前1年間において継続して30%以上の下落率のもののうち回復可能性がないと判断されるものについて減損処理を行う基準としています。

【応答2】取得価額より時価が50%以上下落した場合、合理的な反証がない限り、減損処理を行います。また、取得価額より時価が30%以上50%未満下落した場合は、銘柄毎に減損処理検討を行いますが、この個別銘柄が、①会社が債務超過の状態、②会社が2期連続損失で次期も損失が予想される場合、③30%以上の下落率が2年間にわたり連続している場合、以上のいずれかに該当する場合には回復可能性がないものと判断し、減損処理の対象としています。

質疑- **3** 関係会社株式の評価損

関係会社株式評価損を多額に計上しているが、子会社を通じた事業投資が失敗しているということであり、事業投資に関する判断に大きな誤りがあったのではないですか。

応答- **3**

子会社○○社は、その技術力や事業の有望性について一定の評価がされておりました。しかし、経済環境の急激な悪化を受けて、子会社を巡る事業環境が急激に悪化した影響により、子会社株式について減損処理を行いました。当該子会社に対する投資については、大変不本意ですが失敗したことは率直に認め、株主の皆様にはお詫び申し上げます。

なお、事業は継続して行っており、親会社の指導のもと、業績の立て直し、財務体質の健全化に向けて（具体例を挙げる）鋭意努力しておりますので、その成果が上がるまで、もうしばらくお待ちください。

キーワード

関係会社株式評価損
事業投資に関する判断
業績の立て直し
財務体質の健全化

【解説】

子会社を通じた事業投資については、その後の経済環境が悪化したり、投資を行った当初の事業環境が当初想定できないような原因により悪化することもあり得る。場合によっては投資の撤退を余儀なくされることもあり得よう。

　事業の継続を図っていく場合には、業績の立て直しや財務体質の強化に対しての一定の方針を確立しておくことが重要である。その場合、業績の立て直し、財務体質の健全化に向けての具体的な対策を説明することも考えられる。

関連事例

【質疑】関係会社株式評価損を多額に計上していますが、その内容を説明してください。

【応答】子会社○○社の主に取り扱っていた製品○○が、新製品・新技術の出現等の影響により需要が大きく減退したため、子会社株式について減損処理を行いました。現在、新業態への転換による業績の立て直しを検討しています。

————————

【質疑】関係会社株式評価損について、その計上理由を説明してください。

【応答】子会社○○社の収益環境が急激に悪化したため、子会社株式の減損処理を行いました。現在、親会社の指導のもと、コスト削減、新たな販路開拓等も含めた業績の立て直し策を講じております。

質疑-4　その他有価証券評価差額金

　　貸借対照表の純資産の部をみると、「その他有価証券評価差額金」が大幅なマイナス残高になっています。有価証券の含み損が多額に生じていることを意味しますが、これは本来損益計算書の特別損失に計上しなければいけないのではないですか。本当は、当期の業績はもっと深刻なのではないですか。

応答-4

　　その他有価証券評価差額金については、金融商品会計基準に基づき、時価が大幅に下落していて、かつ、近い将来回復見込みがないものは減損処理をし、損益計算書に反映しますが、そうでないものについては時価評価差額を貸借対照表の純資産の部に反映し、直接純資産の増減として処理します（金融商品会計基準18項）。

　　これらの銘柄の発行会社は、近い将来に業績の回復が見込まれていますので、株価の回復の見込みがあるものと判断しています。ご安心ください。

キーワード

その他有価証券評価差額金
純資産の増減

【解説】

　　その他有価証券評価差額金については、減損処理したものを除き、時価評価差額を貸借対照表の純資産の部に反映する。未実現の含み損益に過ぎず、企業活動の成果としてとらえられるものではなく、経営成績には反映させないのが適切であるためである。ただし、剰余金の分配可能額の算定においては、その

他有価証券評価差額金のマイナスは控除する必要がある（会社計算規則158条2号）。

法的根拠
「金融商品に関する会計基準」18項
会社計算規則158条2号

関連事例
【質疑】その他有価証券評価差額金の大幅なマイナスについては、時価が帳簿価額に対して大幅に下落している銘柄があることを意味していますが、時価評価するのか減損処理するのか、いずれの処理をするかの判断基準はどのように設定しているのですか。

【応答】時価の回復可能性の有無に係る判断によって処理が異なることになりますが、時価の下落率が50%以上のものについては、回復可能性がないと考えられるため、合理的な反証がない限り減損処理を行います。時価の下落率が30%以上50%未満のものは、合理的な基準に基づき時価が著しく下落したと判断される銘柄について、銘柄毎に回復可能性の判断を行い、回復可能性がないと判断されるものについて減損処理を行います。減損処理の対象とならなかったものは、時価評価の対象となります。

質疑-5 特別目的会社（SPC）への投資

当社は SPC に投資していませんか。連結の範囲に含める必要があるものはないですか。

応答-5

ご指摘のとおり、特別目的会社が子会社に該当するかどうかの判定については、特に厳格に行っています。子会社に該当するような会社等は現在のところないものと判断しており、会計監査人の監査においても特に指摘事項はありません。

キーワード

特別目的会社（SPC）
開示対象特別目的会社

【解説】

子会社に該当するかどうかの判定は、実質支配力基準の観点から行う必要があり、たとえ会社形態ではなく、組合その他の事業体であっても、実質的に支配力が及んでいると判断されるときは、子会社として連結の範囲に含めなければならない。ただし、企業会計審議会「連結財務諸表制度における子会社及び関連会社の範囲の見直しに係る具体的な取扱い」の三の要件を満たす特別目的会社については、当該特別目的会社に資産を譲渡した会社の子会社に該当しないものと推定される旨が定められている。企業会計審議会「連結財務諸表制度における子会社及び関連会社の範囲の見直しに係る具体的な取扱い」の三の要件とは、次の内容である。

> 　適正な価額で譲り受けた資産から生ずる収益を当該特別目的会社が発行する証券の所有者に享受させることを目的として設立されており、当該特別目的会社の事業がその目的に従って適切に遂行されているときは、当該特別目的会社に資産を譲渡した会社から独立しているものと認め、子会社に該当しないものと推定する。

　特別目的会社が子会社に該当しないと推定された場合は、開示対象特別目的会社として、開示対象特別目的会社の概要、開示対象特別目的会社との取引の概要および取引金額その他の重要な事項を注記しなければならない（会社計算規則98条1項10号、111条）。

　平成23年3月25日付改正後の「連結財務諸表に関する会計基準」では、上記の推定規定を特別目的会社に資産を譲渡した会社に限定し、「特別目的会社に対する出資者」の部分を削除しており、推定規定の一部見直しがされている。自らが譲渡せず出資しかしていない場合には、推定規定から排除されることになるため、実質支配力基準により原則通り子会社に該当するかどうかを判定する（支配力が及んでいると判断されるものは、子会社等として連結する）こととなる点に留意する必要がある。本改正は、平成25年4月1日以後開始する連結会計年度の期首から適用されている。

　なお、特別目的会社に資産を譲渡した会社において、この推定規定により特別目的会社が子会社に該当しないものと推定された場合には、開示対象特別目的会社の注記が必要になるが、本注記は連結計算書類作成会社については、「連結計算書類の作成のための基本となる重要な事項に関する注記」として開示する必要がある（会社計算規則102条1項1号ホ）。連結計算書類作成会社の場合は、「連結計算書類の作成のための基本となる重要な事項」に記載することになるため、個別注記表において単独の項目（「持分法損益等に関する注記」）として開示する必要はない（会社計算規則111条2項）。

　また、会計監査人設置会社以外の株式会社については記載を要さない（会社計算規則98条2項1号、2号）。

法的根拠

企業会計基準適用指針第15号「一定の特別目的会社に係る開示に関する適用指針」

会社計算規則98条、111条

関連事例

【質疑】開示対象特別目的会社について注記していますが、これはどのような意味ですか。

【応答】資産の流動化の目的のために設立されたSPCですが、当社はこのSPCに資産を譲渡しています。ただし、会計基準のルールに従い、子会社に該当しないものとされています。このルールに基づいて子会社に該当しないとされたSPCについては、本注記が求められていますので、ルールに従い注記を行っているものです。

質疑-6 デリバティブ取引

当社はスワップ取引などのデリバティブ取引を行っているが、投機的な取引はしていませんか。多額の損失が発生するリスクはないのですか。

応答-6

「金融商品の状況に関する事項」（招集通知の添付書類○○ページ）の「金融商品に対する取組方針」に記載していますとおり、デリバティブ取引は、借入金の金利変動リスクを回避するために利用しており、投機的な取引は行わない方針です。

また、「金融商品に係るリスク管理体制」に記載していますとおり、デリバティブ取引の執行・管理については、取引権限を定めた社内規程に

> 従って行っており、さらに、デリバティブの利用にあたっては、信用リスクを軽減するために、格付の高い金融機関とのみ取引を行っています。多額の損失が発生するようなリスクはありません。

キーワード

デリバティブ取引

金融商品に対する取組方針

金融商品に係るリスク管理体制

【解説】

　デリバティブ取引については、リスクヘッジのために利用しているケースがほとんどであり、また、デリバティブ取引の執行・管理についても、一定のリスク管理体制のなかで適切な運用がなされるように検討されているはずである。平成20年3月10日付の金融商品会計基準の改正により、「金融商品の状況に関する事項」が注記対象とされているため、その記述を参照しながら補足的に説明する対応が考えられる。

法的根拠

「金融商品に関する会計基準」40-2項

企業会計基準適用指針第19号「金融商品の時価等の開示に関する適用指針」

関連事例

【質疑】デリバティブ取引で損失が発生するような事例が過去にみられるが、当社の場合はどのような管理体制で臨んでいるのですか。

【応答】デリバティブ取引につきましては、取引権限や限度額等を定めたデリバティブ取引管理規程に基づき行われています。また、半年ごとに経営会議で基本方針を承認し、この方針に従い財務部が取引を行い、経

理部において記帳および契約先と残高照合等を行っております。月次の取引実績について、財務部所管の役員および経営会議に報告しております。十分な管理体制がとられていますので、ご安心ください。

減損会計に関する質疑応答

質疑-7　減損損失の内容と計上理由

　減損損失を多額に計上しているが、どのような物件について計上しているのですか、その内容や理由について詳細に説明してください。

応答-7

　固定資産減損損失の主な内訳は、○○です。その計上の理由については個々の物件ごとにありますが、主なものとしては、物件○○については○○（理由を簡潔に。以下同じ）、物件○○については○○、物件○○については○○です。

キーワード

減損会計
減損損失の計上理由

【解説】

　財務諸表には、「減損損失に関する注記」が義務づけられている（連結財務諸表規則63条の2、財務諸表等規則95条の3の2）。会社法の計算書類についても、直接の規定はないが、利害関係者の判断にとって必要と考えられる場合は、「その他の注記」として開示することも考えられる（会社計算規則98条1項19号、116

条）。主な物件ごとに、その内容および投資を行った当初の状況に対して経営環境が著しく悪化したこと（市場環境の悪化、技術的環境の悪化等）、市場価格が著しく低下したことなどの理由を説明することが考えられる。

法的根拠

連結財務諸表規則63条の2
財務諸表等規則95条の3の2
会社計算規則98条1項19号、116条

質疑-8　多額の減損損失の計上

多額の減損損失が特別損失に計上されているが、事業投資の失敗ではないですか。経営責任はどうなるのですか。

応答-8

減損処理の対象となった物件は、投資を行った当初は十分な検討の上で投資の回収ができる見込みのもとで行われたものでありますが、その後の急激な事業環境の変化により予想できない陳腐化が発生し、不本意ながら、やむなく回収可能価額まで簿価を減額したものであります。急速な事業環境の変化に対する見通しが甘かったことは率直に認めます。今後の事業投資については、より慎重な判断をしていきたいと考えております。

キーワード

減損損失
事業投資の失敗

【解説】

　多額の減損損失を計上したときに、よくなされる質問である。投資を行った
ときは回収見込みがあるとの判断のもとで投資の意思決定を行っていることが
一般に想定され、その後の事業環境の変化については経営者の予測可能性の範
囲を超えるものであるか、経営者の見通しに甘さがあったのかどうかが本来問
われるべきである。減損損失が発生した以上、投資の失敗については素直に認
め、将来の成果に活用できるようにするのも、経営責任の取り方の1つである
と思われる。

　なお、減価償却資産に係る減損は、耐用年数を通じて減価償却費として費用
配分されるか、減損損失という形で一時の損失計上となるかの相違であって、
トータルの費用（または損失）計上額は当然に同じである。

法的根拠

「固定資産の減損に係る会計基準」

関連事例

【質疑】多額の減損損失の計上については、なぜ減損に至ったのか、その理由
　　　　を明らかにしてください。

【応答】事業所の統合を進めた結果、不動産のなかに一部遊休状態のものが生
　　　　じました。経営の合理化を進めたことに伴い生じたものであり、今回
　　　　の損失計上についてはやむを得ないものと判断しています。

質疑-9　遊休土地に係る減損

　遊休土地に係る減損損失が○億円計上されています。このような遊休土地が発生すること自体、事業計画に大きな狂いが生じたことを意味します。これについては、経営責任をどのように考えているのですか。

応答-9

　遊休土地は、○○に所在するものであり、昨年まで物流倉庫として使用していたものですが、取扱製品○○の需要の大幅な落ち込みにより、使用しなくなったものです。当初の見通しに甘さがあったことは率直に認めます。なお、今後の使用予定も見込まれないことから、早急に売却処分し、新たな事業投資に振り向けるつもりです。

キーワード

遊休資産（遊休土地）

【解説】

　減損会計の適用対象となる固定資産で最も多いのが、遊休資産である。単独でキャッシュ・フロー生成単位であるととらえられることから、減損の判定において単独で判定される単位となり、将来キャッシュ・フローも見込まれないことから、回収可能価額として正味売却価額まで減損処理することになる。遊休状態に至った経緯と今後の対応方針を説明することが考えられる。

関連事例

【質疑】遊休資産について減損損失を計上していますが、このような使用価値のなくなったものについては、早急に処分すべきものと考えられます。

処分についての方針はどのようになっているのですか。

【応答】現在、取引先を中心に売却先を探しています。処分までもう少し時間を要するものと考えております。

———————

【質疑】遊休資産について減損損失を計上していますが、固定資産が遊休状態となった原因・経緯はどのようなものですか。

【応答】昨年、○○製品の生産工場を○○国に移転しました。そのため、国内の○○工場の生産は現在ストップしています。現在処分先を探しております。

税効果会計に関する質疑応答

質疑-10　繰延税金資産の取崩し

　当期に繰延税金資産を多額に取り崩しているが、来期以降の課税所得が見込めない、すなわち業績見通しが厳しいということですか。来期以降について、利益の計上を放棄したということですか。

応答-10

　当期の繰延税金資産については、事業計画に基づき合理的かつ保守的にその回収可能性を判断しています。会計監査人の助言もあり、翌期以降の業績見通しに不透明要素も少なくないことから、将来の課税所得を保守的に見積もっています。利益の計上を放棄したということはまったくなく、引き続き利益目標に向かい精一杯努力することに変わりはありません。

キーワード

繰延税金資産
繰延税金資産の回収可能性

【解説】

　繰延税金資産の計上にあたっては、収益力に基づく課税所得の十分性、タックスプランニングの存在などにより繰延税金資産の回収可能性を判断する必要

がある。将来事象の予測や見積りに依存することとなるため客観的に判断することが困難な場合も多く、特に将来の業績予測に不透明要因が多い場合は、将来の課税所得の見積りについて保守的な見積りをしているケースも少なくない。

　また、業績の状況と翌期以降の業績見通しが変わることにより、それに応じて繰延税金資産の新たな計上、または逆に繰延税金資産の取崩しが発生することになる。繰延税金資産の取崩しが生じたからといって、利益の計上を放棄したことにはならない。業績見通しの厳しさを認めつつ、他方で業績改善を目指すことを株主に納得してもらう努力が必要である。

法的根拠
「税効果会計に係る会計基準」
企業会計基準委員会・企業会計基準適用指針第26号「繰延税金資産の回収可能性に関する適用指針」

関連事例
【質疑】繰延税金資産を多額に取り崩していますが、経営者として翌期以降の業績予測をどのように見ているのですか。
【応答】中長期経営計画に基づいて抜本的な経営改善を図っていく所存ですが、しばらくは厳しい経営状況が続くものと覚悟しています。現在の業況が芳しくないため、繰延税金資産の回収可能性の判断において、将来の課税所得の発生を合理的に見積もることは困難と判断し、計上済みのものについても取り崩しました。

質疑-11　法人税等と法人税等調整額の関係

当期の法人税等は大幅に減少していますが、法人税等調整額は逆に増加しています。このようなアンバランスな状態が発生した理由は何ですか。

応答-11

応答例1

過去に有税扱いで計上していた貸倒損失が、当期に税務上の損金算入要件を満たすことになりました。その結果、法人税等が減少することになりましたが、一方で計上していた繰延税金資産を取り崩したことにより法人税等調整額が増加したものです。

応答例2

過去に有税扱いとしていた有価証券評価損の否認金について、当期では損金算入要件を満たすことになりました。その結果、法人税等が減少することになりましたが、一方で計上していた繰延税金資産を取り崩したことにより法人税等調整額が増加したものです。

キーワード

法人税等調整額

【解説】

繰延税金資産および法人税等調整額は、会計上費用または損失に計上したものについて、税務上損金不算入となるケースで、そのような会計上の費用の認識時期と税務上の損金の認識時期にずれが生じる結果計上されるケースが多い。

貸倒損失についても、両者の認識時期の相違から、税効果の対象となるケー

スが多い項目である。たとえば、取引先が法的整理手続の開始をした場合、会計上は破産更生債権等として分類し、債権金額に対して100％の貸倒引当金または直接償却による貸倒損失を計上することになるが、税務上はその段階では資本金１億円以下の中小法人等、銀行、保険会社その他これらに類する法人などの一部の法人等を除いて、損金の額に算入されない。税効果会計における将来減算一時差異となり、繰延税金資産の回収可能性を判断することになる。法的整理手続の進行により、結果として税務上の損金算入要件を満たすことになった段階において、課税所得が減少し、法人税等が減少するが、一方において繰延税金資産を計上していた場合は、一時差異の解消に伴い繰延税金資産の取崩しが発生する。

関連事例

【質疑】損益計算書上、法人税等調整額が計上されている結果、当期純利益が
　　　　増加しています。本業で利益を上げたわけではないと思われますが、
　　　　これは一体どのような原因によるものですか。

【応答】有価証券評価損の否認金について繰延税金資産を計上したことにより、
　　　　会計上は翌期以降の税金費用（前払税金）として認識したことによる
　　　　ものです。

質疑-12　繰延税金資産と剰余金の分配可能額

　税効果会計を適用した結果、繰延税金資産が計上されると、その額だけ剰余金の分配可能額が増えるはずです。当社は、繰延税金資産を○○○億円も計上しているが、このような不安定な資産を原資として配当を行っているとしたら大きな問題です。配当政策上どのように考えているのですか。

応答-12

　税効果会計を適用するにあたっては、繰延税金資産の回収可能性を適切に判断した上で計上を行っています。したがって、将来の収益が期待できる裏付けのもとで計上されています。将来の収益の裏づけのある資産であり、決して不安定なものではありません。監査法人からも特に問題点の指摘はありません（また、当社は、繰延税金資産を除外しても、それ以外の剰余金で十分に配当できる状況ですので、問題ないものと考えています）。

キーワード

繰延税金資産と剰余金の分配可能額

【解説】

　税効果会計を適用した結果、繰延税金資産が計上されると、それだけ剰余金が増加するが、剰余金の分配可能額の算定上、それを除外する規定はなく、結果として剰余金の分配可能額に含まれることになる。一般に公正妥当と認められる企業会計の基準に従って計上される資産であり、法令の規定上も剰余金の分配可能額から除外することを求めていない以上、剰余金の配当原資に含めることは法律上問題ないものと考えられる。

　回答例のかっこ書きについては、剰余金の分配可能額から繰延税金資産の影

響を除外しても、十分に配当できる状況にある場合に付言することが考えられる。

[関連事例]

【質疑】貸借対照表に多額の繰延税金資産が計上されています。実体のない資産がバランスシートに計上されているということであり、当社の財政状態は見かけよりも悪いのではないですか。

【応答】繰延税金資産の計上にあたっては、回収可能性を適切に判断した上で計上を行っています。監査法人からも特に問題点の指摘はありません。したがって、財政状態は健全であると考えております。

質疑-13　土地の減損と税効果会計

当期に、土地について多額の減損損失を計上していますが、税効果会計で繰延税金資産を計上していないようです。なぜ計上しなかったのですか。よほど業績見通しが厳しいのですか。

応答-13

繰延税金資産は、回収可能性を十分に慎重に判断した上で計上するかどうかを決定します。当該土地はまだ事業の用に供しており、いつ売却処分するかの時期が未定であり、いつ税務上損金化できるかのスケジューリングができません。いつ損金化できるかのスケジューリングができないものについて、税効果会計のルールでは繰延税金資産の計上は限定的に取り扱われております。そのため、回収可能性がないものと判断し、繰延税金資産を計上しませんでした。いつ税務上損金化できるかのスケジューリングができないことが計上しなかった理由であり、業績の見通しが原因ではありません。

キーワード

減損損失

スケジューリング

【解説】

　繰延税金資産の回収可能性の判断については、原則として、スケジューリングに基づいて行う。土地の場合、税務上申告加算した減損損失は売却処分することで認容されるが、売却処分の時期が未定であるときは、その認容時期も未定ということになる。これを「スケジューリング不能な一時差異」という。スケジューリング不能な一時差異については、企業会計基準適用指針第26号「繰延税金資産の回収可能性に関する適用指針」に定められている５分類のうちの分類１の企業（期末における将来減算一時差異を十分に上回る課税所得を毎期計上しており、かつ、当期末において、近い将来に経営環境に著しい変化が見込まれない企業）のみ、原則として、回収可能性があると判断される。

関連事例

【質疑】損益計算書の税引前当期純利益に対して、（税引後の）当期純利益が少なくなっています。これは、当期に多額の減損損失を計上していることと関係があるのですか。

【応答】減損損失については、税務上損金として認められないため、法人税等の納付税額が減少していません。一方、繰延税金資産を計上していませんから、結果として税引前当期純利益に対して（税引後の）当期純利益が少なく計上されています。

Ⅳ 「資産除去債務に関する会計基準」に関する質疑応答

質疑-14　計上対象と影響額

有形固定資産の除去についての法的義務がある場合に、資産除去債務を計上しなければならないと聞きましたが、当社はどのようなものが計上対象になっていますか。今後の業績への影響はありますか。

応答-14

応答例1

有形固定資産の解体、撤去等の処分および原状回復についての法律上の義務およびそれに準ずるものが資産除去債務の計上の対象になります。当社の場合は、対象となるものはありません。

応答例2

定期借地権で使用している○○所在の建物について、○○年後において更地返還することが契約されていることから、資産除去債務を計上しております。各事業年度の業績には、除去時まで○年間にわたって○百万円の利益減少の影響額が生ずる見込みです。業績への影響は軽微であります。

応答例3

賃借建物に係る造作の撤去義務（原状回復義務）について計上しております。各事業年度の業績には、除去時まで○年間にわたって○百万円の利益減少の影響額が生ずる見込みです。業績への影響は軽微であります。

キーワード
資産除去債務
有形固定資産の除去

【解説】

「資産除去債務」とは、有形固定資産の取得、建設、開発または通常の使用によって生じ、当該有形固定資産の除去に関して法令または契約で要求される法律上の義務およびそれに準ずるものをいう。したがって、有形固定資産の除去が企業の自発的な計画のみによって行われる場合は、法律上の義務に準ずるものには該当しない。

また、有形固定資産を除去する義務のほか、有形固定資産の除去そのものは義務でなくとも、有形固定資産を除去する際に当該有形固定資産に使用されている有害物質等を法律等の要求による特別の方法で除去するという義務も含まれる。

賃借建物に係る造作の撤去義務、定期借地権の契約満了時に（上物である）有形固定資産を除去する義務、有害物質の除去義務などが計上対象になり得る。また、一部の業種においては、原子力発電施設、鉱山、石油・天然ガスの採掘施設などについて計上することもあり得る。

株主総会において、資産除去債務についての質問が提起される可能性があり、計上対象と各事業年度の業績への影響額について事前に把握しておくことが必要である。

法的根拠

「資産除去債務に関する会計基準」

関連事例

【質疑】「資産除去債務に関する会計基準」について、当社の場合はどのようなものが対象になっているのですか。

【応答】当社の場合、資産除去債務の計上対象になっているのは、賃借建物に
　　　　係る原状回復義務です。

質疑-15　自発的な計画による除去

　当社の設備は全体的に老朽化しているものが少なくありません。資産除
去債務を適切に計上しているのでしょうか。計算書類からはそれが読み取
れません。

応答-15

　当社の設備は確かに全体的に老朽化しております。当社としては、順次
段階的に更新を行う計画を持っています。資産除去債務は、有形固定資産
の除去に関して法令または契約で要求される法律上の義務およびそれに準
ずるものに限定されています。有形固定資産の除去が自発的な計画のみに
よって行われる場合は、資産除去債務の計上の対象外になりますので、当
社については計上対象となるものはほとんどありません。当社の場合、老
朽化した設備については、当社の設備投資計画に従って、順次新規設備と
の更新を行っていく方針になっています。また、自発的な計画によって除
去した場合は、その都度固定資産除却損として特別損失に計上されること
になります。

キーワード

自発的な計画による除去

【解説】

　「資産除去債務」とは、有形固定資産の取得、建設、開発または通常の使用

によって生じ、当該有形固定資産の除去に関して法令または契約で要求される法律上の義務およびそれに準ずるものをいう。法令または契約で要求される法律上の義務だけではなく、それに準ずるものも計上の対象である。「法律上の義務に準ずるもの」とは、債務の履行を免れることがほぼ不可能な義務を指し、法令または契約で要求される法律上の義務とほぼ同等の不可避的な義務が該当する。具体的には、法律上の解釈により当事者間での清算が要請される債務に加え、過去の判例や行政当局の通達等のうち、法律上の義務とほぼ同等の不可避的な支出が義務付けられるものが該当すると考えられる。

したがって、有形固定資産の除去が企業の自発的な計画のみによって行われる場合は、法律上の義務に準ずるものには該当しないため、資産除去債務を計上する必要はない。

法的根拠
「資産除去債務に関する会計基準」

質疑-16　土地の土壌汚染

当社の工場については、土地の土壌汚染の問題はないのですか。資産除去債務は計上しているのですか。

応答-16

応答例1

資産除去債務には、有害物質について法律等の要求する特別の方法で除去する義務が含まれます。当社の保有資産の現況や土壌汚染対策法などの法令で要求されている義務などを調査しましたところ、現状においては資産除去債務の計上対象となるものはありません。

応答例2

資産除去債務には、有害物質について法令等の要求する特別の方法で除去する義務が含まれます。当社の保有資産の現況や土壌汚染対策法などの法令で要求されている義務などを調査しましたところ、資産除去債務の存在が一部確認されていますが、敷地の上で稼働している工場についての撤去の時期が合理的に見積もれませんので、「資産除去債務に関する会計基準」に基づき計上はせず、注記を行っています。

応答例3

土壌汚染対策法では、汚染物質の調査義務については引き続き事業所として使用する場合は猶予され、事業所を閉鎖するときに義務づけられるものとされています。法令規定に基づき、当社の工場は現在稼働中であり、工場の閉鎖時に調査することを予定しています。したがって、土壌汚染が発生しているのかどうかについては、現在のところ不明ですが、汚染が発生しないように適切な管理を行って操業しているものと認識しています。

キーワード

土壌汚染

【解説】

　土壌汚染対策法が2003年2月に施行されているが、土壌汚染による健康被害の防止が目的であり、25物質について調査義務を課している。ただし、調査義務は引き続き事業所として使用する場合は猶予され、事業所を閉鎖するときに義務づけられる。土壌汚染に関して法令によって要求される義務は、水質汚濁防止法の有害物質使用特定施設の廃止時の調査義務であり、調査結果によっては一定の対策が求められる。対策は飛散防止措置が最低限要求され、汚染物質除去までを直接求められるケースは限られる。

　現に工場が稼働中である場合に、土壌汚染対策法との関係をどのように整理したらよいかという問題が生ずる。すなわち、事業所として稼働中であるときに、法律上調査義務は猶予されているため、調査をあえて行うとしたら、それは法律の要請によるものではなく、企業の自発的な計画・意思決定に基づくものである。仮に企業の自発的な計画等に基づいて調査を行うとした場合、それは企業の環境対策の範疇であり、経営判断に基づくものであるということになろう。法律の要求する範囲内で対応するのか、法律が要求する範囲を超えて環境対策を実施するかは経営判断の問題であると考えられる。

　なお、会計上、仮に企業の自発的な計画等に基づいてただちに環境対策を実施する場合は、資産除去債務の計上の問題ではなく、環境対策引当金の計上の問題になるものと考えられる。

法的根拠

土壌汚染対策法3条1項
「資産除去債務に関する会計基準」

【関連事例】

【質疑】　当社の工場跡地は土壌汚染していることが判明していると記憶してい
るが、資産除去債務を計上していないのはなぜですか。

【応答】　当社の工場は廃止し、すでに更地状態になっていますので、資産除去
債務を計上する必要はなく、それに代えて土地の減損処理を行ってい
ます。

質疑-17　アスベスト

アスベストが含まれている建物を所有している場合、そのアスベストに
ついて法律等の要求する特別の方法で除去する義務が資産除去債務の計上
対象になるようですが、当社の場合は対象となるものはありますか。また、
業績に与える影響はどの程度ですか。

応答-17

応答例1

　○○事業所の建物には、アスベストが含まれており、○年前に飛散防止
措置を施しています。建物を撤去・解体等するときには、法律等の要求す
る一定の方法により、隔離、除去等の措置を講ずる必要があると認識して
います。適用初年度に資産除去債務を計上いたしましたが、適用初年度の
期首までの除去費用に係る減価償却費および利息費用をその時点で特別損
失に○○百万円計上済みです。

　また、除去までの○年にわたって、各事業年度の業績に○百万円程度の
影響が生じますが、非常に軽微な影響であると認識しています。

応答例2

　○○事業所の建物には、アスベストが含まれており、○年前に飛散防止

措置を施しています。建物を撤去・解体等するときには、法律等の要求する一定の方法により、隔離、除去等の措置を講ずる必要があると認識しています。

　ただし、○○事業所については、いつ撤去・解体等を行うかについての合理的な見積りができません。したがって、資産除去債務の計上は行っていません。

キーワード

アスベスト
石綿障害予防規則

【解説】

　アスベストが含まれている建物を撤去・解体等する場合に、「石綿障害予防規則」に従い、労働安全衛生法、大気汚染防止法、廃棄物処理法などの法律を遵守できるように、撤去することが必要である。解体作業を行うのに要する費用を見積もり、資産除去債務を適切に計上することが必要と考えられる。ただし、建物の撤去・解体等の時期を合理的に見積もることができない場合は、計上する必要はないと考えられる。「資産除去債務を合理的に見積ることができない場合とは、決算日現在入手可能なすべての証拠を勘案し、最善の見積りを行ってもなお、合理的に金額を算定できない場合をいう」（「資産除去債務に関する会計基準の適用指針」2項）とされているため、合理的に見積もることができないという理由により計上しないケースは全体からみれば相当限定的である。

　なお、資産除去債務は発生しているが、その債務を合理的に見積もることができないため、貸借対照表に資産除去債務を計上していない場合には、当該資産除去債務の概要、合理的に見積もることができない旨およびその理由を財務諸表に注記する必要がある（「資産除去債務に関する会計基準」16項(5)）。

法的根拠

石綿障害予防規則
「資産除去債務に関する会計基準」
「資産除去債務に関する会計基準の適用指針」

質疑-18　PCB 含有製品

PCB 含有製品について資産除去債務の計上が必要のようです。当社は化学メーカーであり、PCB 含有製品があると思われます。適切に計上はしているのですか。

応答-18

過去には PCB 含有製品を使用していた時はありましたが、PCB 特別措置法の施行後はすでに除去しており、処分機関による処分を待っている状況です。貸借対照表に計上されているものはなく、資産除去債務の計上は必要ありませんが、PCB 処理引当金（環境対策引当金）の計上を行っており、処分費用に備えてあります。したがって、処分をしたときの業績への影響は、軽微なものになると思われます。

キーワード

PCB 含有製品
PCB 特別措置法（正式名称：ポリ塩化ビフェニル廃棄物の適正な処理の推進に関する特別措置法）

【解説】

PCB 含有製品については、2001年に成立された「PCB 特別措置法」（正式名

称「ポリ塩化ビフェニル廃棄物の適正な処理の推進に関する特別措置法」）により、保管事業者に一定の期限までの処分が義務づけられている。また、「日本環境安全事業株式会社」が設立され、そこに登録した上で、処分を待つ形となっている。

　企業としては、すでに除去済みで、倉庫に保管している状況になっているものがほとんどであり、そのような除去済みのものについては、計上は不要である。ただし、原則として引当金の計上要件を満たすため、その場合はPCB処理引当金（または環境対策引当金）などの形で引当金の計上を行っておくことが必要である。

法的根拠

ポリ塩化ビフェニル廃棄物の適正な処理の推進に関する特別措置法
「資産除去債務に関する会計基準」

関連事例

【質疑】貸借対照表にPCB処理引当金が計上されています。これは、資産除去債務の対象になるのではないですか。

【応答】当社のPCB含有製品は、すでに除去済みであり、処分機関による処分を待っている状態です。また、備忘価額まで減損処理を行っています。したがって、資産除去債務の計上は不要であり、PCB処理引当金を積んでいます。

質疑-19　定期借地権に係る原状回復義務

当社は全国に多数の店舗を展開しています。定期借地権を利用している
ケースが多いものと考えられますが、資産除去債務の計上を適切に行って
いるのですか。

応答-19

当社の使用している店舗のうち、定期借地権契約により使用しており、
契約終了時に原状回復義務のある○○店舗および○○店舗について、資産
除去債務を○○百万円計上しております。会計基準に準拠し、適切に計上
を行っています。

キーワード

定期借地権契約に係る原状回復義務

【解説】

「資産除去債務」とは、有形固定資産の取得、建設、開発または通常の使用
によって生じ、当該有形固定資産の除去に関して法令または契約で要求される
法律上の義務およびそれに準ずるものをいう。定期借地権の契約満了時に（上
物である）有形固定資産を除去する義務が対象になるが、そのほかには賃借建
物に係る造作の撤去義務、有害物質の除去義務など、また一部の業種において
は、原子力発電施設や鉱山などについて計上することもあり得る。

関連事例

【質疑】当社の場合、不動産の賃借契約が多いが、資産除去債務の計上につい
　　　て説明してください。

【応答】賃借建物に係る原状回復義務については、資産除去債務を計上しています。業績に与える影響は軽微であります。

【質疑】当社のガソリンスタンドは、定期借地権契約を利用しているものが多いと思われるが、資産除去債務の計上について説明してください。特に、ガソリンスタンドの施設を解体・撤去した後に、土地の有害物質を取り除くのが通常かと思われるが、かなり影響があるのではないですか。

【応答】当社のガソリンスタンドのうち○○個所については、定期借地権契約を利用しています。定期借地権契約に係る土地の返還時の原状回復義務について計上しています。有害物質を取り除く費用については、過去の実績や業者の見積書などを参考に見積もっていますが、業績に与える影響は軽微であると認識しております。

質疑-20 資産除去債務の合理的な見積りが困難な場合

計算書類の注記表をみると、「本社オフィスの不動産賃借契約に基づき、オフィスの退去時における原状回復に係る債務を有しているが、当該債務に関連する賃借資産の使用期間が明確でなく、将来本社を移転する予定もないことから、資産除去債務を合理的に見積ることができない。そのため、当該債務に見合う資産除去債務を計上していない」と書かれています。本来計上すべき債務を計上していないのではないですか。これは隠れ債務だと考えられますが、いかがですか。

応答-20

本社ビルにつきましては、比較的新しく、当社の業態から判断すれば、

今後の移転はほとんど見込まれません。ビルの退去時における原状回復費用は確かに一定額発生し得ますが、資産除去債務の履行時期を合理的に見積もることができず、計上していません。合理的な見積りができることとなった段階で計上します。会計基準に準拠しており、決して隠れ債務ではありません。この点については、監査法人の了解を得ています。

キーワード

合理的な見積りが困難

【解説】

　除去に係る時期は、原則として、契約期間、有形固定資産の経済的耐用年数などに基づいて見積もることになる。

　賃貸借契約に係る原状回復義務は、資産除去債務の対象であるが、賃貸借期間満了後も賃貸借契約を更新または再締結するなどにより引き続き使用することが合理的に見込まれる場合には、当該契約期間ではなく、契約の更新または再締結を加味した期間を基礎に、有形固定資産の経済的耐用年数などを考慮して資産除去債務の見積りを行うことになると考えられる。

　また、本社ビルを賃借している場合、移転計画がないときは、「資産除去債務に関する会計基準の適用指針」に掲げられている設例8の存在のみを理由として計上しない対応は認められず、決算日現在入手可能なすべての情報を勘案し、最善の見積りを行ってもなお（造作に係る除去の時期を）合理的に見積もることができない場合に計上しないことになる（「資産除去債務に関する会計基準」5項、「資産除去債務に関する会計基準の適用指針」2項）。計上しなかった場合は、一定の注記が必要である。

　また、合理的に見積もることができないという理由で計上しなかったものについては、合理的に見積もることができるようになった時点で負債として計上することになる（「資産除去債務に関する会計基準」5項後段）。

　資産除去債務の合理的な見積りができないとは、除去の履行時期または金額の合理的な見積りが困難な場合が想定されるが、相当限定的である。ただし、事例をみると、そのような注記をしている事例は一部みられる。監査法人の了解を得ているという点を付言することが考えられる。

法的根拠

「資産除去債務に関する会計基準」
「資産除去債務に関する会計基準の適用指針」

「棚卸資産の評価に関する会計基準」に関する質疑応答

質疑–21　棚卸資産の多額の簿価切下げ

棚卸資産の簿価切下げの会計基準を適用している結果、多額の損失が計上されています。滞留在庫や不良在庫の含み損と思われますが、なぜこのような多額の損失が計上されたのですか。

応答–21

「棚卸資産の評価に関する会計基準」に基づき、正味売却価額が帳簿価額を下回るものについて、基本的にすべて簿価切下げを実施しています。

当事業年度においては、販売市場の環境が十分に回復しない中で材料価格が上昇し、製造原価の上昇を販売価格に転嫁できないものが少なからず発生しました。その結果、決算日における正味売却価額が帳簿価額を下回るものが生じ、簿価切下げを実施した次第です。滞留在庫や不良在庫については、前期までに簿価切下げをすでに実施済みであり、そのようなものが今回の損失の原因ではありません。販売市場の環境が回復傾向にあり、また、コストの節減にも鋭意努めていますので、翌事業年度以降については心配ないものと認識しています。

キーワード

正味売却価額

正味売却価額が帳簿価額を下回るもの

【解説】

　「棚卸資産の評価に関する会計基準」では、通常の販売目的で保有する棚卸資産について、取得原価をもって貸借対照表価額とし、期末における正味売却価額が取得原価よりも下落している場合には、収益性が低下しているとみて、当該正味売却価額をもって貸借対照表価額とする旨を義務づけている。取得原価と当該正味売却価額との差額は当期の費用として処理する。

　なお、この場合の正味売却価額は、売価（＝売却市場における時価）から見積追加製造原価および見積販売直接経費を控除したものをいう。

法的根拠

「棚卸資産の評価に関する会計基準」5項、7項

質疑-22　滞留在庫、不良在庫

　当期は、国内向けおよび海外向けともに販売不振のようです。貸借対照表の棚卸資産残高をみても、滞留期間の長い在庫があることが推測されます。価格の低下もある状況のなかで、適切な評価が行われていますか。このような長期滞留在庫については、一定の損失を計上するなど、何らかの会計上の手当てはされていますか。

応答-22

　滞留在庫については、一定の回転期間を超えるものについて、規則的に帳簿価額を切り下げるなど、収益性の低下の事実を適切に反映するように会計処理を行っています。会計基準に準拠した適切な処理を行っており、

監査法人からも指摘事項はありません。また、貸借対照表の棚卸資産残高が増加しているのは、新規の受注が増加しているからで、ご心配は無用です。

キーワード

滞留在庫

不良在庫

収益性の低下の事実の適切な反映

【解説】

「棚卸資産の評価に関する会計基準」では、営業循環過程から外れた滞留または処分見込等の棚卸資産について、合理的に算定された価額によることが困難な場合には、正味売却価額まで切り下げる方法に代えて、その状況に応じ、次のような方法により収益性の低下の事実を適切に反映するよう処理するものとされている。

①　帳簿価額を処分見込価額(ゼロまたは備忘価額を含む)まで切り下げる方法

②　一定の回転期間を超える場合、規則的に帳簿価額を切り下げる方法

通常の販売目的で保有する棚卸資産について、収益性の低下による簿価切下額は売上原価とするが、棚卸資産の製造に関連し不可避的に発生すると認められるときには製造原価として処理する。

また、収益性の低下に基づく簿価切下額が、臨時の事象に起因し、かつ、多額であるときには、特別損失に計上する。臨時の事象とは、たとえば重要な事業部門の廃止、災害損失の発生のような事象をいう。なお、この場合には、洗替え法を適用していても、当該簿価切下額の戻入れを行ってはならないものとされている(「棚卸資産の評価に関する会計基準」17項)。

法的根拠

「棚卸資産の評価に関する会計基準」9項、17項

VI 「リース取引に関する会計基準」に関する質疑応答

質疑-23　投資戦略上の自己保有固定資産との相違

リース会計基準によると、ファイナンス・リース取引は基本的に売買処理とされています。リース資産を活用しても、固定資産として貸借対照表にオンバランスされることになりますので、あまり活用するメリットがないように思われます。自己投資との違いをどのように認識し、判断しているのですか。

応答-23

応答例 1

「リース取引に関する会計基準」によれば、所有権移転外ファイナンス・リース取引は、一部の少額リースなどを除いて、売買処理が義務づけられています。当社としては、1 契約当たりのリース料総額が300万円以下の少額リース取引については賃貸借処理が認められており、また、事務処理面・管理面の簡便性も認められるため、従来どおり活用しています。1 契約300万円超のものについては、資産計上による管理負担もありますので、基本的に自己投資を利用する方針にしております。

応答例 2

「リース取引に関する会計基準」によれば、所有権移転外ファイナンス・リース取引は、一部の少額リースなどを除いて、売買処理が義務づけられ

ています。

　当社としては、1 契約当たりのリース料総額が300万円以下の少額リース取引については賃貸借処理が認められており、また、事務処理面・管理面の簡便性も認められるため、従来どおり活用しています。1 契約300万円超のものについては、自己投資が有利なのかリース取引が有利なのかについて、経済的な有利・不利の判定を厳密に行い、一定の判断を行っています（なお、従来、○○設備についてはリース取引を利用していましたが、現在では自己投資に切り替えています）。

キーワード

売買処理
賃貸借処理

【解説】

　平成20年4月1日以後に開始する事業年度から、企業会計基準第13号「リース取引に関する会計基準」（以下「リース会計基準」という）の適用が開始されている。所有権移転外ファイナンス・リース取引については、財務諸表に一定の注記を行うことを条件として、賃貸借取引に係る方法に準じた会計処理（賃貸借処理）が認められていたが、改正後は少額リースおよび短期リースを除いて、売買取引に係る方法に準じた会計処理（売買処理）が義務づけられている。

　従来、リース取引のメリットは、①事務処理・管理面の簡便性、②（ファイナンス・リース取引については）リース会社が資金調達を代行している経済実態があることからの資金面のメリット（借入枠の温存）、③財務指標に与えるメリット（賃貸借処理の場合、ROA などの経営指標がオンバランスの場合よりも良くなる）などが挙げられた。リース会計基準の改正により、上記のうちの①および③について一部メリットが低下したことが指摘されている。ただし、①については、経理事務面のメリットについては減価償却計算の必要が生じるなど一部低下し

たと考えられるが、償却資産税の申告納税、保険事務などは貸手であるリース会社が行うため、依然として一定のメリットがあると考えられる。

　なお、オペレーティング・リース取引については、従来どおり賃貸借処理が適用されるため、従来どおり利用されているものと思われる。

質疑-24　リースのメリット

　当社は、現在でもリース取引を行っているのですか。買取りに切り替えたほうが、経済的に有利と思われますが、それでもリース取引を活用する理由を説明してください。

応答-24

　リース取引の対象物件については、新技術の出現などによる陳腐化があった場合に、バージョンアップなどに弾力的に対応できます。また、保険や償却資産税などの事務負担が発生しないメリットもあります。物件の種類や内容などに応じて、今後も一部の固定資産についてはリース取引を活用するつもりです。

キーワード

リース取引のメリット

【解説】

　リース取引のメリットとしては、陳腐化リスクの軽減、事務負担の簡便性、資金調達の補完などが考えられる。一方、「リース取引に関する会計基準」により売買処理が義務づけられることとされたデメリットは、資産計上による財務指標（ROAなど）の低下、減価償却計算などの事務負担の増加などが考えら

れる。

　全面的にリース取引を活用しないということは考えにくく、固定資産の一部については、活用するケースが多いと考えられる。

関連事例

【質疑】当社は、どのような固定資産についてリース取引を利用しているのですか。それはどのような理由に基づいているのですか。

【応答1】1契約当たりのリース料総額が300万円以下のものについては、賃貸借処理の適用が認められていますが、事務処理の簡便性などのメリットから利用しているものがあります。

【応答2】バージョンアップが予想されるようなものについては、リース取引によれば更新が柔軟にできるメリットがあるので、リース取引を利用するケースが少なくありません。

VII 「企業結合に関する会計基準」に関する質疑応答

質疑-25　のれんの残高

　　貸借対照表の無形固定資産にのれんの残高が○○○億円計上されています。このような実態のない資産を多額に計上しているということは、粉飾ではないですか。そのような資産を計上した根拠と内容を詳しく説明してください。また、償却を行うことにより、業績にマイナスの影響をもたすことになるが、その点についてはどのようにお考えですか。

応答-25

　　のれんは、○○株式会社を買収したときに計上したものです。「企業結合に関する会計基準」に準拠し、パーチェス法を適用した結果、認識されたものです。会計処理としては、被買収先から受け入れた資産・負債の時価純資産額を買収対価と考えられる当社の発行した株式の時価総額が上回る差額をのれんとして計上しています。会計基準に準拠したものであり、その処理に問題はなく、監査法人の同意も得ており、もちろん粉飾ではありません。

　　なお、○年で均等に償却する会計方針を採用しており、当該年数で費用化されますが、買収の効果（収益）と相殺関係にあると考えていますので、業績の足を引っ張るようなことはありません。

キーワード

のれん

のれんの償却

のれんの減損

パーチェス法

【解説】

　「企業結合に関する会計基準」においては、当事会社の一方が他方の支配を獲得するという経済実態にあるときに、それを「取得」といい、パーチェス法の会計処理を適用することを義務づけている。取得企業（わかりやすく表現すれば買収企業）が、被取得企業の資産および負債を時価で受け入れる。一方、対価として発行する取得企業の株式の時価（＝買収対価といえます）との差額がのれんとして計上される。のれんは、20年以内の投資の効果の及ぶ一定の年数で均等に償却するが、減損会計の対象にもなるため、買収が失敗したと認められるなど減損が認識されるときはのれんを減損しなければならない。

　被取得企業から受け入れる資産の時価と負債の時価の差額（時価純資産額）よりも、発行する取得企業の株式の時価が上回る場合は、その差額が無形固定資産にのれんとして計上されることになる。その場合は、一定の年数で償却され、償却額が費用として計上される。それは時価純資産額を超える企業価値を評価した結果であり、買収の効果が期待どおりに発揮されれば、買収の効果(収益)と償却額（費用）が相殺関係になる。買収の効果が期待どおりに発揮されない場合は、収益に対して費用が超過する関係になり、業績にマイナスの影響を及ぼすことになる。

質疑-26　のれんの減損

当期にのれんの減損損失が多額に発生している。これは、3年前に○○株式会社を買収したときに計上したものと思われるが、当時の事業投資の判断が甘かったからではないですか。投資後3年でのれんが減損になるということは、買収に対する見通しが誤っていたからではないですか。

応答-26

投資の判断にあたっては、○○株式会社について十分な調査を行い、その技術力や成長力について適切に評価を行い、買収による相乗効果についても適切に見極めを行ったものと考えています。しかし、事業環境の悪化の影響を受けて、当初想定していた収益計画を修正せざるを得なくなり、その結果、のれんの減損処理が必要となったものです。ご心配をおかけいたしまして、大変申し訳ありません。

ただし、事業は継続して行っており、役員の派遣を通じた○○株式会社に対する経営指導も強化しており、業績の立て直し、財務体質の健全化に向けて（具体例を挙げる）鋭意努力しておりますので、買収の効果は今後発揮される見通しです。効果が現われるまで、どうかもうしばらくお待ちください。

キーワード

のれんの減損

【解説】

企業買収や事業買収にあたっては、「企業結合に関する会計基準」におけるパーチェス法を適用する結果、のれんが発生する。のれんは、20年以内の投資

の効果の及ぶ一定の年数で規則的に償却するが、一方において減損会計の適用を受けるため、買収の効果が不十分な場合には、減損処理を行う必要性も生じ得る。

　のれんが減損処理の対象となった場合、株主から事業投資の失敗である旨の指摘がされる可能性がある。投資判断に問題がなかったのか、現在の状況や今後の見通しがどうであるのかなどについて、株主の理解を得られるように説明することが考えられる。

法的根拠

「企業結合に関する会計基準」
「固定資産の減損に係る会計基準」

関連事例

【質疑】当期にのれんの減損を実施していますが、その理由や経緯について詳しく説明してください。

【応答】○年前に買収した○○株式会社については、その技術力、成長力について適切に評価を行い、買収による相乗効果についても適切に見極めを行ったものと考えています。しかし、事業環境の変化により、○○製品の需要が予想を上回る減少傾向となっています。減損の判定の結果、当期に減損を実施しました。現在経営計画の根本的な見直しを行っており、今後は親会社主導のもとに業績の立て直しに注力する所存であります。今後、その効果が現われるものと考えております。

VIII 「工事契約に関する会計基準」に関する質疑応答

質疑-27　利益計上の適切性、赤字工事の取扱い

　当社は工事進行基準を適用していますが、収益の計上についてのルールはどうなっていますか。利益の前倒し計上をしたりするおそれはないのですか。また、赤字が見込まれる工事の場合はどのように対応されているのですか。

応答-27

　「工事契約に関する会計基準」を平成21年4月1日以後に開始する事業年度から適用しています。

　会計基準に則り、工事の進行途上においても、その進捗部分についての成果の確実性が認められる場合には工事進行基準を適用し、収益および原価を工事進捗部分について計上しています。①工事収益総額、②工事原価総額および③工事進捗度について、信頼性をもって見積もることができる場合に限って、工事進行基準の適用が認められ、その場合に工事進捗度に応じた損益を計上することになります。したがって、利益の前倒し計上をすることはできません。当社では、工事進捗度を信頼性もって見積もることができるように管理体制を十分に整備しています。内部監査においても、その管理体制の整備状況は定期的に確認されています。また、監査法人のチェックも得ておりますが、特に指摘事項はありません。

> また、赤字工事については、赤字が見込まれる金額についての工事損失引当金の計上が強制されますので、損失の繰延べは許されません。

キーワード

工事進行基準
進捗部分についての成果の確実性
赤字工事

【解説】

　「工事契約に関する会計基準」では、工事の進行途上においても、進捗部分についての成果の確実性が認められる場合には工事進行基準を適用し、この要件を満たさない場合には工事完成基準を適用するものとされている。①工事収益総額、②工事原価総額およびそのうち③決算日までに成果として確実になった部分（工事進捗度）について、信頼性をもって見積もることができる場合は、工事進行基準を適用することになる。

　工事進行基準を適用した場合、工事の進捗度に応じて、工事収益および工事原価が計上されるため、工事完成基準に比べて工事収益および工事原価が前倒しで計上されることになる。そのため、①工事収益総額、②工事原価総額およびそのうち③決算日までに成果として確実になった部分（工事進捗度）について、信頼性をもって見積もることができる場合に限って、工事進行基準を適用することになる。

　また、工事契約について、工事原価総額等（工事原価総額のほか、販売直接経費がある場合にはその見積額を含めた額）が工事収益総額を超過する可能性が高く、かつ、その金額を合理的に見積もることができる場合には、その超過すると見込まれる額（以下「工事損失」という）のうち、当該工事契約に関してすでに計上された損益の額を控除した残額を、工事損失が見込まれた期の損失として処理し、工事損失引当金を計上する。この取扱いは、工事進行基準であるか

工事完成基準であるかにかかわらず、また、工事の進捗の程度にかかわらず適用される。

質疑-28　工事進行基準の適用と内部統制

　工事進行基準を適用するにあたっては、見積りの要素が介在するものと思われるが、それについての内部統制はどのようになっているのですか。監査体制も含めて教えてください。

応答-28

　工事収益総額、工事原価総額および工事進捗度について、それぞれ信頼性をもって見積もることができるものについてのみ、工事進行基準が適用されます。当社においては、信頼性をもった見積りが行われるように、工事原価の見積りは詳細な積上げとして作成されており、実際に発生した工事原価と十分に比較できる形で作成されています。工事原価の事前の見積りと実績を対比することにより、適時・適切に工事原価総額の見積りの見直しがされる体制が整備されており、実行予算および原価に関する管理体制が整備されているものと思います。また、責任者の承認手続も厳格に運用されています。さらに、内部監査の重要項目として、その運用状況は常にチェックされています。内部統制は十分に機能しているものと認識しています。

　会計監査人の監査においても、特に指摘は受けていません。

キーワード

内部統制
監査体制

【解説】

　工事進行基準は、工事の進行途上においても、進捗部分についての成果の確実性が認められる場合に適用ができる取扱いとされている。見積りの合理性については、どのような承認体制がとられているのか、内部監査によりどの程度のチェックがされているのか、一定の内部統制が確立されている必要がある。

　また、その管理に要するコストの問題から、一定金額以下の重要性の乏しい工事契約については、工事進行基準を適用せず、工事完成基準を適用するという運用方針を定めている企業も少なくない。

関連事例

【質疑】工事進行基準は、見積りの要素が多く、恣意性が働きやすい会計処理と言われています。当社では、恣意性が入らないように、どのような体制、ルールで対応しているのですか。

【応答】原価管理体制を整備し、工事収益総額、工事原価総額および工事進捗度について、それぞれ信頼性をもって見積もることができるものについて適用していますが、責任者の承認体制のルールが明確化されており、また、内部監査部門が随時チェックをしています。恣意性が入らないような管理体制になっているものと認識しています。

質疑-29　ソフトウェア業と工事進行基準

「工事契約に関する会計基準」は、受注ソフトウェアにも適用されると聞いています。当社は、ソフトウェアの開発を事業としていますが、工事進行基準をほとんど適用していないようです。なぜ工事進行基準を適用していないのですか。会計基準違反ではないですか。

応答-29

「工事契約に関する会計基準」では、工事の進行途上においても、進捗部分についての成果の確実性が認められる場合には工事進行基準を適用し、この要件を満たさない場合には工事完成基準を適用するものとされています。当社の受注ソフトの場合、開発の進捗段階において仕様の変更が行われたり、追加の工数が発生したりすることが頻繁にあり、工事進行基準の適用要件を満たすことが困難であると判断いたしました。

なおこれは、監査法人とも協議の上、判断したものであり、会計上は適切な処理であると認識しています。

キーワード

受注ソフトウェア

【解説】

「工事契約に関する会計基準」では、工事の進行途上においても、進捗部分についての成果の確実性が認められる場合には工事進行基準を適用し、この要件を満たさない場合には工事完成基準を適用するものとされている。①工事収益総額、②工事原価総額およびそのうち③決算日までに成果として確実になった部分（工事進捗度）について、信頼性をもって見積もることができる場合は、

工事進行基準を適用することになる。

　「工事契約に関する会計基準」においては、「受注制作のソフトウェアについては、工事原価総額の信頼性のある見積りの可否が特に問題となる。ソフトウェアの制作を受注する場合、当初に仕様の詳細まで詰められない場合もあり、また、想定外の事象の発生などによって、追加的な工数が生じやすいなど、適切な原価総額の見積りが困難な場合も少なくない。一般的に、ハードウェアの供給を目的とする取引と比較すると、ソフトウェアの開発途上において信頼性をもって工事原価総額を見積るためには、原価の発生やその見積りに対するより高度な管理が必要と考えられる」とされている。「原価の発生やその見積りに対するより高度な管理」をすべてのソフトウェア会社に強制するという趣旨ではないものと解され、結果として工事進行基準に基づく収益計上がない場合もあり得るものと考えられる。

法的根拠

企業会計基準第15号「工事契約に関する会計基準」5項、51項

関連事例

【質疑】ソフトウェア業において、工事進行基準の適用は難しいと言われていますが、当社の場合はどのような体制で対応しているのですか。

【応答】当社では、金額○○百万円以上の受注金額のものについては、個別に厳格な原価管理を行う方針としており、四半期ごとに見直しも行っています。そのように個別に厳格な原価管理を行っているものについては、工事収益総額、工事原価総額および工事進捗度について、それぞれ信頼性をもって見積もることができると判断され、基本的に工事進行基準を適用しています。

連結決算への対応に関する質疑応答

質疑-30　連結の範囲

連結の範囲はどのように定めているのですか。連結していない子会社もあるようですが、意図的に連結外しをしているのではないですか。

応答-30

応答例1

連結の対象となる子会社の範囲につきましては、法令が定める実質支配力基準に基づいて決定しています。連結の範囲の決定については、会計監査人の監査においても、適正とのご意見を頂戴いたしております。連結外しはもちろんありません。

応答例2

連結の範囲につきましては、法令に定められた判定基準がありますので、会計監査人はこの基準に基づいて、当社の子会社、関連会社に対する当社の出資状況、役職員の状況、取引関係等を調査しており、監査役もそのような調査に立ち会って見分し、会計監査人から報告を聴取するなどしています。その結果、特に問題は把握されていません。連結外しはもちろんありません。

キーワード

実質支配力基準

【解説】

　親会社は、原則としてすべての子会社を連結の範囲に含めなければならない。「子会社」とは、会社がその総株主の議決権の過半数を有する株式会社その他の当該会社がその経営を支配している法人として法務省令で定めるものをいう（会社法2条3号）。親会社とは、株式会社を子会社とする会社その他の当該株式会社の経営を支配している法人として法務省令で定めるものをいう（同条4号）。

　ここで法務省令（会社法施行規則3条）は、財務諸表等規則と同様の「実質支配力基準」を定めている。「実質支配力基準」については、次に示す財務諸表等規則の定義内容を参考にされたい。

　また、子会社等の範囲の決定に関する詳細な実務上の指針が、企業会計基準適用指針第22号「連結財務諸表における子会社及び関連会社の範囲の決定に関する適用指針」により示されている。

　親会社とは、他の会社等の意思決定機関を支配している会社等をいうが、具体的には次の①から③に掲げる会社等をいう。このときの「他の会社等」が子会社である（財務諸表等規則8条4項）。

①　他の会社等の議決権の過半数を自己の計算において所有している会社等

②　他の会社等の議決権の100分の40以上、100分の50以下を自己の計算において所有している会社等であって、かつ、次に掲げるいずれかの要件に該当する会社等

　イ　自己の計算において所有している議決権と自己と出資、人事、資金、技術、取引等において緊密な関係があることにより自己の意思と同一の内容の議決権を行使すると認められる者（緊密な者）および自己の意思と同一の内容の議決権を行使することに同意している者（同意している者）が所有している議決権とを合わせて、他の会社等の議決権の過半数

を占めていること。

　ロ　役員、業務を執行する社員もしくは使用人である者、またはこれらで
　　あった者で自己が他の会社等の財務および営業または事業の方針の決定
　　に関して影響を与えることができる者が、当該他の会社等の取締役会そ
　　の他これに準ずる機関の構成員の過半数を占めていること。

　ハ　他の会社等の重要な財務および営業または事業の方針の決定を支配す
　　る契約等が存在すること。

　ニ　他の会社等の資金調達額（貸借対照表の負債の部に計上されているもの
　　に限る）の総額の過半について融資（債務の保証および担保の提供を含む）
　　を行っていること（緊密な者が行う融資の額を合わせて資金調達額の総額の
　　過半となる場合を含む）。

　ホ　その他他の会社等の意思決定機関を支配していることが推測される事
　　実が存在すること。

③　自己の計算において所有している議決権と緊密な者および同意している
　者が所有している議決権とを合わせた場合（自己の計算において議決権を所
　有していない場合を含む）に他の会社等の議決権の過半数を占めている会
　社等であって、かつ、上記のロからホまでに掲げるいずれかの要件に該当
　する会社等

　なお、次の2つについては、連結の範囲に含めないものとされている（企業
会計基準第22号「連結財務諸表に関する会計基準」6項、7項、14項）。

①　子会社のうち、支配が一時的であると認められる企業

②　支配が一時的であると認められる企業以外の企業であって、子会社のう
　ち、連結することにより利害関係者の判断を著しく誤らせるおそれのある
　企業

　また、重要性の乏しい小規模子会社については、連結の範囲に含めないこと
が認められる。

　さらに、財務上または営業上もしくは事業上の関係からみて他の企業の意思
決定機関を支配していないことが明らかであると認められる場合、当該他の企

業はそもそも子会社に該当しないものとされる。

法的根拠

会社法 2 条 3 号、 4 号

会社法施行規則 3 条

財務諸表等規則 8 条 4 項

企業会計基準第22号「連結財務諸表に関する会計基準」 6 項、 7 項、14項

企業会計基準適用指針第22号「連結財務諸表における子会社及び関連会社の範囲の決定に関する適用指針」

関連事例

【質疑】当社の場合、子会社の判定はどのように行っているのですか。また、誰がそれをチェックしているのですか。

【応答】子会社の判定については、法令が定める実質支配力基準に基づいて決定しております。会計監査人の監査によりチェックがされていますが、特に指摘もありません。

質疑-31　投資事業組合に対する監査

投資事業組合に対する監査はどのように行っているのですか。

応答-31

　　投資事業組合の業務については、組合員の立場で当社の関連事業部が業務執行担当者から業務および財産の状況について定期的に報告・説明を受け、必要に応じ調査を行っているほか、当社の会計監査人および監査役が子会社等調査手続において調査を行っており、適正に運営されております。

キーワード

投資事業組合
子会社等調査手続

【解説】

　投資事業組合に出資している場合、組合員として業務および財産の状況について把握しておく必要があるため、業務執行担当者等から定期的に報告を受けたり、必要に応じて調査を行ったりする必要がある。また、投資事業組合が子会社に該当する場合は、監査役等の子会社等調査手続の対象にもなり、一定の監査の対象にもなり得る。

質疑-**32**　在外子会社・関連会社の採用する会計基準

当社は、多数の在外子会社を有しています。連結決算を行う上で、在外子会社の採用する会計処理基準はどのようになっているのですか。親会社と同じ日本基準によっているのですか。それとも、国際会計基準または米国基準に準拠しているのですか。後者の場合、のれんの償却の取扱いなど日本基準との差異については、どのように対応しているのですか。

応答-**32**

当社の在外子会社については、基本的には国際財務報告基準に準拠した内容の個別財務諸表の提出を受けており、一部米国会計基準に準拠した個別財務諸表の提出を受けています。

ただし、企業会計基準委員会の実務対応報告第18号「連結財務諸表における在外子会社の会計処理に関する当面の取扱い」に準拠し、日本で連結するにあたって、のれんの償却をはじめとした日本基準との重要な差異については調整を行っています。

キーワード

在外子会社の採用する会計処理基準

【解説】

実務対応報告第18号「連結財務諸表作成における在外子会社の会計処理に関する当面の取扱い」によれば、在外子会社の財務諸表が、国際財務報告基準（IFRS）または米国会計基準に準拠して作成されている場合には、当面の間、連結決算手続上利用することができるとされている。ここでいう在外子会社の財務諸表には、所在地国で法的に求められるものや外部に公表されるものに限

らず、連結決算手続上利用するために内部的に作成されたものを含む。

　在外子会社の財務諸表が、所在地国で公正妥当と認められた会計基準に準拠して作成されている場合には、連結決算手続上、国際財務報告基準または米国会計基準に準拠して修正することになる。

　また、国際財務報告基準または米国会計基準に準拠して作成されている場合であっても、のれんの償却、退職給付会計における数理計算上の差異の費用処理、研究開発費の費用処理など、重要性が乏しい場合を除いて、連結決算手続上、日本基準の処理に修正しなければならない項目もあるため、現地で行われている会計処理を調べた上で、修正が必要であるかどうかの確認を行う必要がある。

法的根拠

実務対応報告第18号「連結財務諸表作成における在外子会社の会計処理に関する当面の取扱い」

関連事例

【質疑】当社は国際的な事業展開をしていますが、連結決算上、親会社の採用する会計基準と海外の子会社が採用する会計基準の統一は図られているのですか。

【応答】企業会計基準委員会の実務対応報告第18号「連結財務諸表作成における在外子会社の会計処理に関する当面の取扱い」に準拠し、当社の在外子会社からは国際財務報告基準または米国会計基準に準拠した内容の個別財務諸表の提出を受けています。ただし、日本で連結するにあたって、のれんの償却などの日本基準との重要な差異については調整を行っています。

X　持分法適用会社に関する質疑応答

質疑-**33**　持分法適用会社の会計処理

　当社は子会社のほかに、多数の関連会社を所有しています。これらの関連会社については、連結決算上、持分法を適用しているものと思われますが、当社の採用している会計処理との統一は図られているのですか。海外の関連会社などについては、統一することが難しい状況もあり得ますが、どのように対応されているのですか。

応答-**33**

　連結子会社だけでなく、非連結子会社および関連会社についても会計処理の原則および手続について統一を図っています。個別財務諸表が統一されていないときは、連結決算上、統一のために必要な情報を入手した上で連結修正により統一しています。

　なお、在外関連会社の○○については、統一のために必要な情報の入手が極めて困難であるため、一部の会計処理について統一されていません。これについては、監査法人から、企業会計基準委員会の取扱いに照らして問題ない旨の見解をいただいています。

キーワード

持分法適用会社の会計処理

【解説】

　企業会計基準委員会は、平成20年 3 月10日付で企業会計基準第16号「持分法に関する会計基準」および実務対応報告第24号「持分法適用関連会社の会計処理の統一に関する当面の取扱い」を公表した。従来から、連結財務諸表原則においては、親子会社間の会計処理の統一については求めていたが、持分法適用会社の取扱いについては明確にしていなかったため、実際には統一していないケースが多かった。

　「持分法に関する会計基準」では、原則として、統一を求めるとされた。すなわち、「同一の環境下で行われた同一の性質の取引等について、投資会社（その子会社を含む）および持分法を適用する被投資会社が採用する会計処理の原則および手続は原則として統一する」ものとされた（「持分法に関する会計基準」9 項）。統一されていない場合は、連結決算手続上、統一のために必要な情報を入手した上で、統一するための修正を行う必要がある。

　しかし、たとえば在外関連会社の場合で、投資会社の他に支配株主が存在するような時や、上場会社の株式を追加取得することで関連会社とした時などでは、支配力を及ぼす子会社と異なり、統一のために必要な情報の入手が極めて困難なことがある。「持分法適用関連会社の会計処理の統一に関する当面の取扱い」によれば、統一のために必要な情報の入手が極めて困難と認められるときは、「親子会社間の会計処理の統一に関する当面の取扱い」を準用し、当面の間、統一を求めないものとされた。

法的根拠

企業会計基準第16号「持分法に関する会計基準」9 項
実務対応報告第24号「持分法適用関連会社の会計処理に関する当面の取扱い」

関連事例

【質疑】持分法を適用する多数の関連会社については、連結決算上どのように親会社との会計処理の統一を図っているのですか。

【応答】持分法適用関連会社については、当社からの指導等を通じて、会計処理の統一を図っています。統一されていないものについては、連結決算手続上、統一のために必要な情報を入手した上で、統一するための修正を行っています。

国際会計基準とその動向に関する質疑応答

質疑-34　国際会計基準への対応

　新聞報道などによれば、国際会計基準の任意適用企業も少しずつ増加しているようです。当社はそのような状況に対してどのように対応するつもりですか。

応答-34

> **応答例 1**
>
> 　日本取引所グループの発表によれば、令和 2 年 1 月現在で、国際会計基準を任意適用している会社は205社、適用を決定している会社が16社、合計で221社という状況です。当社としては、現在の日本基準が製造業である当社の事業実態や経営管理の手法となじむ点、外国人投資家が比較的少ない状況である点を勘案して、今のところ国際会計基準の任意適用の予定は特になく、日本基準を今後も適用していく方針でおります。ただし、今後の会計制度の動きや他社の動向などを注視しており、状況に応じた機動的な対応が図れるようには配慮しております。

> **応答例 2**
>
> 　日本取引所グループの発表によれば、令和 2 年 1 月現在で、国際会計基準を任意適用している会社は205社、適用を決定している会社が16社、合計で221社という状況です。当社としては、在外子会社を有していて、国

際的にグローバルな事業展開をしている点、外国人投資家が株主の一定割合を占めている点を考慮して、将来における国際会計基準の任意適用に関心を持っております。したがって、今後の動向を注視する中で、今後において日本基準との差異の洗い出し、経営面・財務面への影響、実務上の課題などについて一定の調査を行っていく予定です。

国際会計基準
国際財務報告基準（IFRS）
日本版 IFRS

【解説】

　平成27年6月30日に企業会計基準委員会から修正国際会計基準が公表された。その結果、日本において「日本基準」「ピュア IFRS」「修正国際会計基準」「米国基準」の4つが併存することになった。

　4基準の併存は、制度としてわかりにくく、利用者利便に反するという懸念がある一方で、「IASB に対する意見発信やコンバージェンスに向けた取組み等、単一で高品質な国際的な会計基準がグローバルに適用される状況に向けての努力は継続されるべきであり、4基準の併存状態は、大きな収斂の流れの中での1つのステップと位置づけることが適当である」（当面の方針）としている。

　国際的に事業展開している企業の中には、連結グループの各企業においてIFRS で統一的に会計処理を行うことによるコストの軽減、海外の同業社との財務諸表の比較可能性という観点から、IFRS の任意適用に興味を示している企業がある。IFRS の適用に一定の関心がある企業の場合、今後においてその対応に向けての検討・準備が必要になると考えられる。

　修正国際会計基準は、ピュア IFRS をベースとして、のれんの非償却の取扱い、その他の包括利益をリサイクリングしないとする取扱いについて「削除ま

たは修正」を行うものとされている。現状においては、修正国際会計基準の任意適用をした企業はないようである。

　一方、IFRSの適用自体に関心のない企業（日本基準をそのまま継続して適用していく方針の企業）の場合は、そのような検討・準備自体が当面必要ないことも考えられる。

　企業の経営サイドとして、今後の対応方針を検討する必要があると考えられる。

【 法的根拠 】

企業会計審議会「国際会計基準（IFRS）への対応のあり方に関する当面の方針」
企業会計基準委員会「修正国際基準（国際会計基準と企業会計基準委員会による修正会計基準によって構成される会計基準）」

質疑-35　国際会計基準の任意適用

　当社は全世界にグルーバル展開している国際企業といえますが、国際会計基準の適用は前向きに検討しているのですか。

応答-35

　ご承知のとおり、当社は世界に販売ネットワークおよび情報網を構築しており、グローバル展開を行ってきています。現在のところ2022年に国際会計基準を任意適用することを考えています。そのため、採用に向けての課題を認識した上で、人材の教育・訓練、システム変更の要否の検討、日本基準との差異の洗出し作業などの課題に取り組んでいます。

【 キーワード 】

国際会計基準の任意適用

【解説】

　世界にグローバル展開をしている国際企業の場合、グループ全体の会計処理基準を統一するメリットがより大きくなる。採用のメリットが考えられる企業の場合は、株主からの質問も想定されるため、企業としての姿勢を明確にしておく必要があると考えられる。

　関連事例

【質疑】当社は、国際会計基準の適用に向けて、具体的にどのように準備を進めているのですか。

【応答】日本基準との差異の洗出し作業を完了させました。今後は、採用に向けての課題を明確にした上で、人材の教育・訓練、システム変更の要否、あるべき経理体制の検討などに着手する予定です。2022年の採用を目標に、計画を進めております。

質疑-36　国際会計基準を適用した場合の財務数値

　　国際会計基準の任意適用はすでに始まっています。日本基準で作成した場合と国際会計基準で作成した場合で、財務数値がかなり異なることもあるようですが、当社の場合、国際会計基準を適用した場合に、どのような財務数値になるのかを公表するべきではないですか。

応答-36

　　国際会計基準については、一部の会社が任意適用していますが、その強制適用については未定です。また、当社は外国人株主の比重がそれほど高くありませんので、任意適用の予定はありません。
　　したがって、国際会計基準に準拠した財務数値を公表する必要性はないものと考えられます。

キーワード

国際会計基準に準拠した財務数値

【解説】

　現行制度上、国際会計基準に準拠した財務数値を公表する必要性はない。今後の動向を注視しつつ、対応を判断することも考えられる。
　なお、外国人株主の持株比率が高い企業の場合、株主のニーズを考慮して、国際会計基準に準拠した場合の財務数値を別途公表しているところもある。ただし、それはあくまでも任意で公表しているに過ぎないものである。

法的根拠

企業会計審議会「国際会計基準（IFRS）への対応のあり方に関する当面の方針」

質疑-37　包括利益

　連結財務諸表について包括利益の開示が開始されています。当社の連結計算書類をみると包括利益が表示されていません。企業活動全体の状況が理解しやすくなるメリットがあると考えられるし、連結計算書類にも参考情報として開示している企業もある一方で、当社はなぜ開示していないのですか。

応答-37

　平成23年3月31日以後に終了する事業年度の年度末に係る連結財務諸表から、「包括利益の表示に関する会計基準」の適用が始まりました。ご指摘のとおり、包括利益の表示によって提供される情報は、投資家等の財務諸表利用者が企業全体の事業活動について検討するのに役立つことが期待されるものであり、財務政策なども含めた企業活動の状況がより全体的に理解しやすくなる面が生じ得るものと考えられます。

　ただし、会社法上は、株主・債権者等の利害関係者にとっての情報の有用性の程度等が明らかとなった将来において改めて検討するものとされており、当面の間は適用が見送られています。当社においては、その他の包括利益に大きな影響をもたらすものがありませんので、参考情報としてあえて開示しないものと判断した次第ですので、何とぞご了解ください。

キーワード

包括利益

【解説】

　企業会計基準委員会から、平成22年６月30日付で企業会計基準第25号「包括利益の表示に関する会計基準」が公表された。平成23年３月31日以後に終了する事業年度の年度末に係る連結財務諸表から、「包括利益の表示に関する会計基準」の適用が開始されている。金融商品取引法上の有価証券報告書に記載される連結財務諸表について、包括利益の表示が行われている。なお、個別財務諸表への適用はされていない。

　「包括利益」とは、ある企業の特定期間の財務諸表において認識された純資産の変動額のうち、当該企業の純資産に対する持分所有者との直接的な取引によらない部分をいう。わかりやすく言い換えると、包括利益とは、純資産の変動額のうち「資本取引以外」によるものである。

　たとえば、当期純利益が発生すると、その他利益剰余金のうちの繰越利益剰余金の増加を通じて純資産が増加する。当期純利益による純資産の増加は、資本取引以外によるものであるから、包括利益に算入される。また、その他有価証券評価差額金の増減により純資産が変動するが、それは資本取引以外によるものであるから、包括利益に算入される。一方、株主からの増資の払込みが行われることにより、資本金が増加し、純資産も増加するが、それは資本取引によるものであるから、包括利益には算入されない。株主に対して剰余金の配当を行うことにより純資産は減少するが、それは資本取引によるものであるから、包括利益には影響しない。

　なお、会社法上は、会社計算規則の改正案の公表にあたり、「計算書類または連結計算書類として、包括利益に関する計算書の作成を求めるかどうかについては、包括利益に関する情報の株主・債権者にとっての有用性の程度等が明らかとなった将来において、改めて検討する予定である。」と説明されているとおり、その適用については将来において改めて検討されるものとされている。

　会社法上の連結計算書類に任意で参考情報として連結包括利益計算書を掲載することは問題ないとされているが、あくまでも参考情報としての位置づけであるため、企業の任意である。監査の対象にもならない。

法的根拠

企業会計基準第25号「包括利益の表示に関する会計基準」

質疑-**38** 包括利益の数値（参考情報として開示した場合）

当社の連結計算書類の箇所をみると、連結包括利益計算書が参考情報として掲載されています。その包括利益の数値をみると、連結損益計算書の当期純利益の水準に比べてかなり少ない水準になっています。これは、当期の業績には手放しで喜べないという意味ですか。本当は会社の状況は見かけよりも深刻なのではないですか。

応答-**38**

応答例１

包括利益は、連結損益計算書上の当期純利益にその他の包括利益を加算したものです。当期においては為替換算調整勘定が為替相場の影響により○○億円減少したため、その他の包括利益が○○億円マイナスとなりました。当社にとってその他の包括利益の主な構成要素となる為替換算調整勘定は、為替相場の状況いかんによって毎期変わりますので、本業の業績が好調であることと直接はリンクしません。その点をどうかご理解ください。

応答例２

包括利益は、連結損益計算書上の当期純利益にその他の包括利益を加算したものです。当期においてはその他有価証券評価差額金が株価の影響により○○億円減少したため、その他の包括利益が○○億円マイナスとなりました。当社にとってその他の包括利益の主な構成要素となるその他有価証券評価差額金の増減は、株価の状況いかんによって毎期変わりますので、本業の業績が好調であることと直接はリンクしません。その点をどうかご

> 理解ください。

キーワード

包括利益

【解説】

「包括利益」とは、ある企業の特定期間の財務諸表において認識された純資産の変動額のうち、当該企業の純資産に対する持分所有者との直接的な取引によらない部分をいう。わかりやすく言い換えれば、純資産の変動額のうち、資本取引以外によるものである。包括利益とは、連結損益計算書における当期純利益にその他の包括利益（その他有価証券評価差額金、繰延ヘッジ損益、為替換算調整勘定、退職給付に係る調整累計額等）を加算した利益概念である。

　包括利益の表示によって提供される情報は、投資家等の財務諸表利用者が企業全体の事業活動について検討するのに役立つことが期待されるものであって、従来からの当期純利益に関する情報の有用性は何ら変わるものではない(注)。また、経常利益が企業の業績を理解するうえで重要視される点も、従来どおり変わらないものと思われる。

　　(注)　「包括利益の表示に関する基準」22項では、「包括利益の表示の導入は、包括利益を企業活動に関する最も重要な指標として位置づけることを意味するものではなく、当期純利益に関する情報と併せて利用することにより、企業活動の成果についての情報の全体的な有用性を高めることを目的とするものである。本会計基準は、市場関係者から広く認められている当期純利益に関する情報の有用性を前提としており、包括利益の表示によってその重要性を低めることを意図するものではない」とされている。

　会社法上、包括利益の表示については、当面の間適用が見送られることとされたが、連結計算書類において参考情報として任意で開示することは差し支えないとされている。その場合、これまでの当期純利益以外のもので包括利益に含まれるもの（＝その他の包括利益）が表示されることにより、たとえばその

他有価証券評価差額金の変動によって純資産がどれだけ増加または減少したのか、為替換算調整勘定の変動によって純資産がどれだけ増加または減少したのかなどが明示され、財務政策なども含めた企業活動の状況がより全体的に理解しやすくなる面はあると思われる。

　参考情報として任意で開示する場合は、株主に対する説明を準備しておく必要があると考えられる。

法的根拠

企業会計基準第25号「包括利益の表示に関する会計基準」

3

内部統制制度に関する
質疑応答

質疑-39　内部統制システムの見直し

平成26年会社法の改正により、取締役会が決議する内部統制システムの内容として、「株式会社およびその子会社から成る企業集団における業務の適正を確保するための体制の整備」が会社法の本法に格上げされました。また、法務省令の改正により、内部統制システムの決議事項がいくつか追加されています。当社としては、このような会社法の改正を踏まえて、どのように対応されたのですか。

応答-39

当社としては、「株式会社およびその子会社から成る企業集団における業務の適正を確保するための体制の整備」（いわゆる企業集団内部統制）が会社法本法に格上げされたことを踏まえ、グループ内部管理規程の見直しを行い、グループを統括する部署の体制およびグループの内部監査の体制が十分であるかの再確認・再検討を行い、取締役会で決議をしております。企業集団としての内部統制システムは、現状十分に整備がされており、適切に運用を図っていきたいと考えております。また、内部統制システムの決議事項が法務省令により追加されていることを踏まえ、その内容についても取締役会で検討・審議を尽くしたうえで決議を行っております。特に、監査役による監査役の職務を補助する使用人に対する指示の実効性の確保に関する事項、監査役への報告に関する体制については再検討を行いました。

今後においても、内部統制システムの整備および運用の状況について、その見直しの必要性等を取締役会で検討を行い、見直しが必要であると判断されるときは、適時・適切に見直しの決議をしていく予定です。一定の重要な見直しがされた場合は、事業報告の「内部統制システムの決議の内

容の概要および運用状況の概要」の記載で開示をいたしますし、株主の皆様にも説明する機会があるかと思います。

株式会社およびその子会社から成る企業集団における業務の適正を確保するための体制の整備（企業集団内部統制）

内部統制システムの見直し

【解説】

　大会社、監査等委員会設置会社および指名委員会等設置会社においては、内部統制システム（会社の業務の適正を確保するために必要な体制の整備）の取締役会による決議が義務づけられており（会社法348条3項4号、362条4項6号、399条の13第2項、416条1項1号ホ）、会社法施行規則100条が必要な体制に関する事項を定めている。

　会社法施行規則100条1項5号に規定されている「当該株式会社ならびにその親会社および子会社から成る企業集団における業務の適正を確保するための体制」のうち「当該株式会社および子会社から成る企業集団における業務の適正を確保するための体制」について、会社法の本法に規定を格上げされた。

　特定責任追及訴訟制度の導入に併せて、親会社の取締役会が企業集団の中における子会社の位置づけに応じて、企業集団の業務の適正の確保に必要な範囲内において、子会社の業務の監督をすることを職務とする旨、または企業集団の業務の適正の確保を職務とする旨、などの規定を設けることの当否が大きな議論となった。

　子会社監督責任の規定を設けることについては、経済界から、子会社の経営の裁量性を損ない企業グループ活動を委縮させるとの反対意見が提起され、これに対して少なくとも親会社取締役には、親会社に対する善管注意義務の内容として、親会社の重要な資産である子会社株式の価値を維持・向上させるため

に、子会社の経営を監視・監督する務めがあるはずであり、すでに会社法施行規則100条1項5号にも規定されているところである等の指摘がなされた。

　そのような議論が行われた結果、近年、株式会社とその子会社から成る企業集団による経営が進展し、持株会社形態も普及していることから、親会社およびその株主にとっては、その子会社の経営の効率性および適法性が極めて重要なものとなっており、会社法施行規則100条1項5号の定めを本法に格上げするという改正が行われた。

　従来、子会社取締役の業務執行について親会社取締役の責任が問題となった判例で、責任が認められたのは親会社または親会社の役員自身が子会社の業務執行に相当程度関与するなど、特段の事情のあるケースに限定されている。

　今回の改正については、「あくまでも現行法上の義務を超えない範囲で法律に明文の規定を設けるもの」と説明されており、また、善管注意義務の内容・程度が変わったものではないと解されている（注）。親会社がどのような方法で子会社管理を行うのかについて、内部統制システムのあり方を再確認することが考えられる。

　　（注）「座談会　改正会社法の意義と今後の課題（下）（岩原紳作発言）」旬刊商
　　　　事法務2042号、5頁。

法的根拠

会社法348条3項4号、362条4項6号、416条1項1号ホ
会社法施行規則100条

質疑-40　内部統制システムの決議の内容の概要および運用状況の概要

事業報告に記載された内部統制システムの決議の内容の概要は、ここ２、３期ほとんど変化がないようです。内部統制システムは、経営環境の変化に合わせて、毎期見直しを行うべきであると考えられますが、当社の場合はまったく見直しをしていないということですか。

応答-40

当社は、会社法施行当初において取締役会で決議した内部統制システムの基本方針に基づき、その整備・運用を行ってきました。今日まで内部統制システムが有効に機能しているかどうかを評価・検証し、若干の手直しを行い、それについても取締役会において決議しています。

事業報告に記載されているのは、取締役会の決議の内容の概要ですので、若干の手直しについては特に反映されていません。したがって、見直しをしていないということは決してありません。

キーワード

内部統制システムの決議の内容の概要および運用状況の概要

【解説】

内部統制システムの決議の内容の概要および運用状況の概要については、事業報告の記載事項とされている（会社法施行規則118条２号）。

会社法上の大会社については、業務の適正を確保するための体制に関する決議が義務づけられている（会社法348条３項４号、416条１項１号ロ、ホ）。決議した内部統制システムの決議の内容の概要および運用状況の概要を事業報告に記

載することが求められているが（会社法施行規則118条 2 号）、それは株主が適切に判断できるようにする必要があるからである。

　開示するにあたっては、法務省令が定めている内部統制システムの決定事項を踏まえつつ、各企業の状況に応じて決議した内容の概要および運用状況の概要を開示する必要がある。法務省令に列挙された決定事項は、限定列挙ではないと解されることから、法務省令が定める要件を充足しながらも、各社にとって適切な内部統制システムを検討し、運用をしていくことが求められるといえる。

　また、会社法施行日後に開催される最初の取締役会までにいったん決定した内部統制システムについては、会社を取り巻く経営環境の変化、事業内容の変化などに応じて、その運用状況等を踏まえながら、以後の取締役会において必要に応じて見直しまたは変更をしていくことが必要であると解されている。見直した内容は事業報告の開示に反映されるべきであるが、事業報告における開示はあくまでも決議の内容の概要であるから、軽微な変更については反映されないことが考えられる。

法的根拠

会社法348条 3 項 4 号、416条 1 項 1 号ロ、ホ
会社法施行規則118条 2 号

関連事例

【質疑】内部統制システムは経営環境に合わせて変更されるものと認識していますが、当社の場合は取締役会でその点十分に議論されているのですか。

【応答】内部統制システムについては、その運用状況等を踏まえながら、経営環境の変化、事業内容の変化などに応じて、取締役会において必要に応じて見直しまたは変更を行うべきものと認識しています。取締役会において十分に議論されていますが、現状においては大きな修正はさ

れていません。

【質疑】事業報告に記載されている「内部統制システムの決議の内容の概要および運用状況の概要」は重要な項目であるのに、なぜ概要しか記載していないのですか。来期からもっと詳しい内容を開示すべきではないですか。

【応答】会社法施行規則で要求されている開示内容は、「内部統制システムの決議の内容の概要および運用状況の概要」とされています。株主の皆様のご判断にとって十分な内容であると考えておりますので、より詳しい開示については現在のところ考えていません。

質疑-41　内部統制システムに係る監査役監査

監査役は、内部統制システムの相当性をどのような方針に基づいて検証したのですか。

応答-41

内部統制システムに係る監査について、監査役は「内部統制決議の内容が相当でないと認める事由の有無」、「取締役が行う内部統制システムの構築・運用の状況における不備の有無」および「事業報告に記載された内部統制決議の概要および構築・運用状況の記載が適切でないと認める事由の有無」を監査対象としています。

取締役会決議に係る監査については、取締役会決議の内容が、法令に定める事項を網羅しているか、取締役会において、会社に著しい損害を及ぼすおそれのあるリスクに対応した内部統制システムのあり方について適切に議論がなされた上で決議がなされているか、内部統制決議の内容につい

て、必要な見直しが適時かつ適切に行われているかなどについて検証しました。

　内部統制システムの構築・運用の状況に関する監査にあたっては、統制環境に着眼しながら、「会社に想定されるリスクのうち、会社に著しい損害を及ぼすおそれのあるリスクに対応しているか否か」（リスク・アプローチ）、「内部統制システムの構成要素（内部統制の実践に向けた規程類および組織体制、情報の把握・伝達体制、モニタリング体制など）が、重大なリスクに対応するプロセスとして有効に機能しているか否か」（プロセス・チェック）、「取締役会および代表取締役が適正な意思決定過程その他の適切な手続を経て内部統制システムの構築・運用を行っているか否か」について監視し検証することを、監査の基本方針として監査を行いました。

　また、内部統制決議の内容および運用の概要が、事業報告において正確かつ適切に記載されているかを検証いたしました。

　　（注）　日本監査役協会「内部統制システムに係る監査の実施基準」に定められた実施手続を踏まえて回答することが考えられる。

キーワード

内部統制システムの相当性

リスク・アプローチ

プロセス・チェック

【解説】

　内部統制システムは取締役会における決議事項であるため、監査役は、取締役会決議の内容が法令に定める事項を網羅しているか、取締役会において、会社に著しい損害を及ぼすおそれのあるリスクに対応した内部統制システムのあり方について適切に議論がなされた上で内部統制システムの構築・運用に係る決議がなされているのか、内部統制決議の内容について、必要な見直しが適時かつ適切に行われているか、監査役が内部統制決議に関して助言または勧告し

た指摘の内容が、取締役会決議において適切に反映されているか、反映されていない場合には正当な理由があるかという観点から監視し検証する必要がある。内部統制システムに係る取締役会決議の内容が相当でないと認めるときは、その旨およびその理由が監査報告の記載事項とされている（会社法施行規則129条1項5号、130条2項2号、130条の2・1項2号、131条1項2号）。

　内部統制システムは、会社を取り巻く経営環境の変化、事業内容の変化などに応じて、その運用状況等を踏まえながら、必要な見直しが適時かつ適切に行われ〔い〕ることが求められているため、監査役はそのような見直しの有無をも検証する必要があると考えられる。

法的根拠

会社法施行規則129条1項5号、130条2項2号、130条の2・1項2号、131条1項2号
日本監査役協会「内部統制システムに係る監査の実施基準」

4

事業報告の会計に関する質疑応答

質疑-42　業績の説明

利益減少の理由を説明してください。

応答-42

応答例1

　材料価格の上昇によりコストが増加しました。コスト増を販売価格に転嫁し切れなかったため、利益が減少する結果になりました。来期以降は、販売活動に一層注力し、また、仕入ルートの見直し等によるコストの低減にも努めることにより増益を目標に努力する所存です（営業利益の減少についての説明例）。

応答例2

　固定資産売却損、関係会社整理損などが多額に計上され、その結果特別損失が○○億円発生し、最終利益を圧迫しました。いずれも当初の事業計画に基づいて合理化のために行われた資産の整理等の臨時の要因に基づいたものであり、来期以降は最終利益についても増益を目標に努力する所存です（多額の特別損失の計上が最終利益を押し下げたことについての説明例）。

キーワード

利益減少の理由

【解説】

　事業報告の「当該事業年度における事業の経過およびその成果」（会社法施行規則120条1項4号）の開示内容をベースとしつつ、適宜内容を補足することが考えられる。特に営業利益段階の減少については、一過性のものなのか、根本的な要因に基づいているのかが重要となるが、改善の見通しについても併せ

て説明することが考えられる。事業報告の「対処すべき課題」（同項8号）と
関連する場合も考えられる。

法的根拠

会社法施行規則120条1項4号、8号

質疑-43 売上の著しい減少

売上高が著しく減少しているが、経営努力が足りないのではないですか。
また、今後の改善の方策はあるのですか。同業他社の○○社はそれほど減
収になっていませんが、経営努力の差ではないのですか。

応答-43

応答例1

海外市場において製品○○が新モデルに切り替わる端境期のタイミング
に重なったこともあり、海外向けの売上高が○○％減少いたしました。新
モデルの売上も順調に伸びており、翌期については海外売上高の増収を見
込んでいます。また、アジア市場の開拓については、引き続き全力で取り
組んでいく所存です。同業他社は当社のように主力製品が新モデルに切り
替わるタイミングでもなく、海外売上高比率も高くないことから、国内の
需要を安定的に取り込むことができ、安定的な売上を確保することができ
たのだと思われます。経営努力に差があったわけでは決してないと認識し
ております。最大限の経営努力を続けていく点については、今後も変わり
はありません。

応答例2

事業環境の悪化の影響により、主力製品○○の需要が大幅に落ち込んだ

のが主な理由です。新たな販路の開拓、また、主力製品○○に代わる製品
の育成などに全力で取り組んでおります。当社は、同業他社に比べて主力
製品への依存率が高かったため、より影響を受けたものと認識しています。
経営努力は最大限尽くしており、新たな有望製品の育成に全力を傾けてい
る段階ですので、どうかご理解ください。

キーワード

売上減少の理由

【解説】

　売上が減少した原因を具体的に説明し、今後に向けての改善策も併せて説明
することが考えられる。また、同業他社との比較を持ち出しての質問に対して
は、その原因を説明し、それが経営努力の差に起因しているものではないとい
う点を株主の納得が得られるように説明することが考えられる。事業報告の「当
該事業年度における事業の経過およびその成果」（会社法施行規則120条1項4号）
および「対処すべき課題」（同項8号）と関連するケースも考えられる。

　なお、減益の説明については、**質疑応答-42**参照。

法的根拠

会社法施行規則120条1項4号、8号

質疑-44　稼働休止資産

　　新聞報道によれば、○○工場の生産ラインについては、休止中であると
のことです。稼働していない設備については、固定費の発生などにより今
後の業績に悪影響をもたらすことになると思われます。どのように対処し
ていくつもりですか。

応答-44

　　事業環境の悪化を受けて、取扱製品の需要が大きく落ち込んだことから、
生産ラインを休止しています。ただし、一定の受注は入っており、在庫の
縮小が進んでいるため、在庫がなくなる段階を目処として生産を再開する
予定です。なお、固定費については、期間工や派遣社員の縮小を図り、大
幅に削減していますので、ご心配には及びません。

キーワード

稼働休止資産

【解説】

　メーカーの生産調整による稼働休止がみられる。このような稼働休止は使用
見込みのない遊休資産とは異なり、在庫が縮小次第、生産を再開するものがほ
とんどである。在庫調整のためのやむを得ない措置である点を説明することが
考えられる。

関連事例

【質疑】新聞報道によると、○○工場の稼働をストップしたとのことです。い
　　　　つ頃を目途に生産再開を考えているのですか。

【応答】在庫の縮小が進捗するのにあと2週間ほどかかる見込みですので、その頃には生産を再開することになると思われます。

質疑-45　売上計上の適正性

売上の計上は、適正に行われているのですか。

応答-45

　売上の計上については、一定の承認手続のもと、客観的な証憑に基づいて計上されるルールになっています。当社は出荷基準に基づいて売上計上していますので、出荷した事実を示す証憑に基づいて責任者の承認手続を経て伝票が起票されています。その後の入金管理も厳密に行っていますし、取引先に対する残高確認なども行っております。

　また、内部監査および監査役監査の重点項目として厳正にチェックされており、さらに、会計監査人の監査におきましても指摘事項はございませんでした。取引の実態に基づいて適正に計上されています。

キーワード

出荷基準

納品基準

検収基準

【解説】

　売上の計上は「実現主義」に基づく必要があり、多くの企業においては「出荷基準」が採用されている（一部の企業で、納品基準や検収基準が採用されている）。出荷基準の場合、出荷を表す証憑に基づいて計上されているはずであり、

また、その計上が適正であるかどうかについて監査を受けている。一定の社内体制の下で、取引の実態に基づいて、適正に計上されている旨の説明で問題ないと考えられる。

企業会計原則

質疑-46 直前3事業年度の財産および損益の状況（連結ベースの記載）

株式会社の現況に関する事項の中で、直前3事業年度の財産および損益の状況に関して、連結ベースのものしか記載されていません。連結の数値だけでは、当社単体のこれまでの推移がわかりませんが、当社単体のものをなぜ掲載しないのですか。

応答-46

法務省令の取扱いによれば、連結計算書類を作成している会社については、「株式会社の現況に関する事項」を企業集団（連結グループ）の現況に関する事項として記載することができると規定されています。その場合は、単体の記載は省略できるとされています。また、当社は子会社を通じた事業投資を活発に行っており、連結経営を重視していますので、連結グループの状況を開示し、単体の記載を省略しております。

キーワード

直前3事業年度の財産および損益の状況

【解説】

　株式会社が当該事業年度に係る連結計算書類を作成している場合には、「株式会社の現況に関する事項」（会社法施行規則120条1項各号）については、当該株式会社およびその子会社から成る企業集団の現況に関する事項とすることができる。この場合において、当該事項に相当する事項が連結計算書類の内容となっているときは、当該事項を事業報告の内容としないことができる（会社法施行規則120条2項）。

　要するに、連結計算書類作成会社が、事業報告のうち「株式会社の現況に関する事項」を企業集団の現況に関する事項として記載した場合は、重ねて親会社単体の情報を開示しなくてもよいとする規定である。

　「直前3事業年度の財産および損益の状況」については、連結ベースの記載のみを行っている会社と連結ベースの記載に加えて親会社単体の記載を任意で行っている事例に分かれている。連結経営を重視している企業の場合は、親会社単体の記載を省略するケースが少なくない。

法的根拠

会社法施行規則120条1項6号、2項

質疑-47 ストック・オプションの金額算定

事業報告の役員報酬等に記載されているストック・オプションの金額
は、どのように算定したものを報酬等として記載しているのですか。

応答-47

企業会計基準委員会の「ストック・オプション等に関する会計基準」に
従い、付与日現在における公正な評価額に基づいて、対象勤務期間に対応
する金額を当期の費用として計上しておりますが、その費用計上した金額
を報酬等に含めて記載しています。

キーワード

公正な評価額に基づく対象勤務期間に対応する金額

【解説】

ストック・オプションは、「報酬等」に該当する(会社法361条1項1号、3号)。
企業会計基準第8号「ストック・オプション等に関する会計基準」によれば、
ストック・オプションの付与日現在の公正な評価額を算定し、その公正な評価
額に基づいて、対象勤務期間に対応する金額を当期の費用として計上するもの
とされている(「ストック・オプション等に関する会計基準」5項、6項)。

事業報告の役員報酬等の開示にあたっては、その公正な評価額に基づいて、
対象勤務期間に対応する金額(=当期の費用計上額)を各事業年度の報酬等に
含めて開示することになる。

法的根拠

会社法施行規則121条4号

企業会計基準第8号「ストック・オプション等に関する会計基準」

関連事例

【質疑】当社ではストック・オプション制度を採用していますが、このような金銭によらない報酬の場合、会計上費用として計上されないし、事業報告の役員報酬等の額にも算入されないこととなり、不健全であると思われます。別途金額を開示すべきではないですか。

【応答】新株予約権については、会計上、企業会計基準委員会の「ストック・オプション等に関する会計基準」に従い、付与日現在における公正な評価額に基づいて、対象勤務期間に対応する金額を当期の費用として計上しております。また、当該費用計上額を事業報告の役員報酬等の額に含めて記載しており、適正な開示を行っています。

質疑-48　役員報酬等の減額

業績がこれだけ悪くなっているのだから、役員として給与を減額するなど、一定の責任を示すべきではないのですか。

応答-48

応答例1

当社は、事業年度の途中ではありましたが、株主の皆様に対する役員としての経営責任を示す観点から、取締役会において平成○○年○月から役員の定期報酬を一律○○%減額する決定を行い、それを実行しております。

応答例2

当社は、業績悪化についての役員の経営責任を明確にする上で、本定時株主総会の後に開催される取締役会において、定期給与の減額改定を予定

しています（または「当該事業年度に係る役員賞与については、見合わせるものといたしました」）。

キーワード

業績悪化改定事由
定期給与の減額改定

【解説】

　応答例−１は、業績悪化を理由として、毎年所定の時期に行われる定期給与の改定とは別に、事業年度の途中において減額改定を行ったものである。税務上、株主が不特定多数の者からなる会社（上場企業等）において、業績の著しい悪化に伴い、役員が株主に対する経営上の責任を示すために行う期中の減額改定は、業績悪化改定事由に該当し、改定前の各支給時期における支給金額および改定後の各支給時期における支給金額はそれぞれ定期同額給与として損金の額に算入することができると考えられる（国税庁「役員給与に関する Q&A」Q１）。

　応答例−２については、減額改定のおおまかな率を併せて説明することも考えられる。

関連事例

【質疑】業績が悪化しており、配当も無配となりました。役員報酬等は前期比でどのくらいになっていますか。

【応答】役員報酬等につきましては、経営責任を明確化する観点から、減額を行っております。前期比で○○％程度の減額になっています。

質疑-49　役員退職慰労金制度の廃止

役員退職慰労金制度を廃止していますが、廃止時点までの金額について
は支給することになると思われます。どのような形で決算書に反映されて
いるのですか。

応答-49

応答例1

廃止時点までの内規に基づく支給額については、役員の将来の退任時に
支給する旨の株主総会決議をいただいていますので、決算書上は役員退職
慰労引当金ではなく長期未払金に計上しています。

応答例2

廃止時点までの内規に基づく支給額については、役員の将来の退任時に
おいて株主総会のご承認をいただいてから支給することにしていますの
で、決算書上は役員退職慰労引当金に計上しています。

キーワード

役員退職慰労引当金
廃止時点までの内規に基づく支給額

【解説】

役員退職慰労金制度の廃止を決定した場合の会計処理は、次のようになる。
すなわち、役員退職慰労金制度の廃止をする場合、任期中または重任予定の役
員に対する廃止時点までの内規に基づく支給額につき、①制度の廃止に伴い、
株主総会において承認決議を行う場合と、②制度は廃止するものの、当該廃止
時点においては株主総会での承認決議を行わず、当該役員の退任時に承認決議

を行う場合とが考えられる。

　①の場合で、当該役員の退任時まで承認済の慰労金の支給を留保するケースにおいては、当該支払留保金額は、退任時点に支払うという条件付の（金額確定）債務であると考えられるため、株主総会での承認決議後、実際に支払われるまでの間は、原則として長期未払金として表示されるものと考えられる。ただし、1年以内に支給されることが確実である場合には、未払金として表示される。

　②については、株主総会決議を得ていないことから法律上は債務となっていないが、廃止を決定した株主総会の日に在任する役員の過去勤務分の退職慰労金については、役員の過去の職務執行に対して支給されるものであり、将来において支給されることが確実であり、かつ、金額の合理的な見積りも可能であることが想定され、引き続き役員退職慰労引当金として表示されることになる。

法的根拠
監査・保証実務委員会実務指針第42号「租税特別措置法上の準備金及び特別法上の引当金又は準備金並びに役員退職慰労引当金等に関する監査上の取扱い」

関連事例
【質疑】当社は役員退職慰労金制度を廃止したはずですが、貸借対照表になぜ役員退職慰労引当金が計上されたままになっているのですか。

【応答】役員退職慰労金制度は廃止しましたが、廃止時点までの内規に基づく支給額については、役員の将来の退任時において株主総会の決議をいただいてから支給することにしていますので、債務性のない引当金として貸借対照表に役員退職慰労引当金を計上しています。

質疑-50　報酬等の対象期間

事業報告に記載されている報酬等は、いつからいつまでの報酬なのですか。

応答-50

法務省令の規定に従い、役員の就任および退任の時期を問わず、当該事業年度に係る報酬等についてすべて記載しています。

また、役員退職慰労金のように、事業年度との対応関係がない報酬等については、当該事業年度において受けた支給ベースで表示しています（注）。

（注）　役員退職慰労金のように、事業年度との対応関係がない報酬等については、「当該事業年度において受け（支給ベース）」、または「受ける見込みの額が明らかになった（決定ベース）」報酬等として記載することが求められている（会社法施行規則121条5号）。

キーワード

当該事業年度に係る報酬等

【解説】

会社法施行規則121条1号かっこ書が規定する「会社役員」についての在任時期の限定（直前の定時株主総会の終結の日の翌日以降に在任していた者に限るという限定）は、会社役員の氏名、地位および担当、会社役員と当該株式会社との間で責任限定契約を締結しているときの当該契約の内容の概要、重要な兼職の状況、会社役員のうち監査役、監査等委員または監査委員が財務および会計に関する相当程度の知見を有しているものであるときのその事実について及ぶものであり、報酬等の開示には及ばない。

報酬等の開示の制度の趣旨は、会社役員に対する報酬等の額が適正なもので

あるかどうかについての情報を株主に対して提供することにあることから、会社役員の就任および退任の時期を問わず、ある事業年度において会社役員が受け、または受ける見込みとなった報酬等の額は、そのすべてが開示されるべき性質のものと考えられているためである。したがって、直前の定時株主総会の終結の日までに退任している者であっても、当該事業年度に係る報酬等は当該事業年度の事業報告において開示されることになる。

法的根拠

会社法施行規則121条1号かっこ書、4号、5号

関連事例

【質疑】事業報告に記載される役員報酬等ですが、役員退職慰労金についてはどのような方法で記載しているのですか。

【応答1】役員退職慰労金のように、事業年度との対応関係がない報酬等については、当該事業年度において受けた支給ベースで表示しています。

【応答2】役員退職慰労引当金を積んでいますが、当該事業年度における引当金の増加額を報酬等の総額に含めて記載する方法によっています（事業年度ごとに役員退職慰労引当金を積んでいる場合、各事業年度に係る事業報告に、当該事業年度分の報酬等の額として、当該引当金の増加額を含めて記載しているときは、退任した段階の支給額を改めて開示するときに、それまで引当金増加額として開示されてきた金額を含めなくてよい（会社法施行規則121条5号かっこ書））。

5

会社法の計算書類に関する
質疑応答

Ⅰ 貸借対照表に関する質疑応答

質疑-51　現預金の残高

現預金の残高が○○億円まで積み上がっています。わずかな利息しか生み出さないから、株主資本の無駄使いと思われます。

応答-51

応答例1

リストラの一環として、遊休資産の売却を進めてきたため、一時的に余資が発生しています。今後有利子負債の返済に充てるなど、資本の効率化に向けた方策を検討しています。

応答例2

日常の運転資金の安定的な確保の観点から、この程度の残高は必要と考えています。財務部で作成・更新している資金繰計画においても、多額の支払いが発生するタイミングを考慮し、この水準の手元流動性を確保することによってリスクを低減できるものと判断している次第です。

キーワード

株主資本の無駄使い

【解説】

　遊休資産の売却処分をはじめ、事業の整理を進めた結果、一時的に余裕資金が増加するパターンもみられるが、新たな投資に向けるのか、有利子負債の返済に充てるのか、経営計画のなかで十分に検討を行う必要がある。回答例1はそのようなケースを想定している。

　また、財務部で作成・更新する資金繰計画において、資金調達に係る流動性リスクを低減する観点から、一定の手元流動性を確保することは一般的である。回答例2は、そのような観点からの回答である。

質疑-52　現預金の有効活用と財務戦略

　現預金の残高が多額です。安全志向が過ぎると資本効率の低下を招くことになるが、有効活用を検討しないのですか。財務戦略はどうなっているのですか。

応答-52

　当社の事業規模や過去の資金運用状況などからみて、現状程度の手元資金は必要であると考えています。資金不足に至ったときの不安などから考えて、多少余裕を持たせた手元資金には意味があるものと認識しています。一定の流動比率を適正に維持しつつ、経営環境を踏まえつつ事業投資に振り向けるなど、財務戦略の機動性にも配慮しております。

キーワード

資本効率の低下
一定の流動比率
財務戦略の機動性

【解説】

　財務政策の観点から資金調達に係る流動性リスク（支払期日に支払いを実行できなくなるリスク）を考慮するのは当然である。その際、金融商品に係るリスク管理体制として、資金調達に係る流動性リスクを低減するようなリスク管理体制をとっていることが求められる。たとえば、資金繰計画の作成・更新において手元流動性が確保されるようにしておくことや、手元流動性を一定額（たとえば売上高の○か月分相当）に維持するようにするなどが考えられる。また、経営環境を踏まえつつ事業投資に振り向けるなどの財務戦略の機動性にも配慮することが考えられる。

質疑-53　売掛金

　売掛金の残高が前期比○○％増加しています。売掛金が増加しているということは、不良債権が発生しているのか、あるいは、債権回収率が悪化したためなのか、いずれにしても憂慮すべき兆候であると思われます。

応答-53

　応答例1

　事業環境の好転に伴い売上が増加していますので、売掛金が増加しているに過ぎません。決して債権回収率が悪化しているわけではありません。新たな不良債権は発生しておりません。

　応答例2

　取引先との間で回収条件の一部見直しがあり、その結果として残高が若干増加しているものです。取引先全般について回収率の改善には鋭意努力しております。不良債権は特に発生していませんので、ご心配は無用です。

不良債権

債権回収率

【解説】

　売上が増加する局面において、売掛金の残高もそれに伴い増加する。不良債権が増加している場合は、貸倒引当金の残高の増加に表れることになることから、株主にも間接的にわかることになる。

　また、状況によっては、一時的に債権回収率が悪化したり、回収条件が不利になることもあり、それについてはその旨説明した上で、回収率の改善に努めている旨を付け加えることも考えられる。

質疑-54　棚卸資産の増加

　当社の貸借対照表をみると、製品の在庫が増加していることがわかります。製品の在庫が増加しているということは、その原因は販売の不振によるものではないですか。

応答-54

　ご指摘のとおり、製品の残高が前期末に比べて○○○百万円増加しています。その理由は、当期中に受注・完成したもので翌期に販売されるものが当期の期末残高に○○○百万円含まれていることによるものです。決して販売不振が理由というわけではありません。

　また、競争が激しくなっていることは事実でございますので、顧客のニーズに合った新製品の開発、新販路の開拓をはじめとした営業力の強化など、対策を講じていく所存でございます。

在庫の増加

【解説】

　棚卸資産の残高増加の原因としては、受注の増加、期末近くの売上増加など
いくつかの理由が考えられるが、その理由を説明した上で、今後の対策を併せ
て説明することが考えられる。

　なお、営業循環過程から外れた滞留または処分見込等の棚卸資産については、
「棚卸資産の評価に関する会計基準」では、帳簿価額を処分見込価額（ゼロま
たは備忘価額を含む）まで切り下げる方法、一定の回転期間を超える場合、規
則的に帳簿価額を切り下げる方法など、その状況に応じ収益性の低下の事実を
適切に反映するよう処理する必要があるとされているため（「棚卸資産の評価に
関する会計基準」9項）、帳簿価額がそれほど増加しないことも考えられる。

法的根拠

企業会計基準第9号「棚卸資産の評価に関する会計基準」9項

質疑-55　滞留在庫

当社の業況は芳しくなく、製品の中に長期間売れ残っている在庫がある
と思われます。そのような滞留在庫については、何らかの引当金をとって
おかなければならないのではないですか。

応答-55

「棚卸資産の評価に関する会計基準」に準拠しており、営業循環過程か
ら外れた滞留在庫につきましては、帳簿価額を備忘価額まで切り下げてい
ます。
　評価性引当金を計上するのではなく、棚卸資産の帳簿価額を直接切り下
げる処理を行っています。

キーワード

滞留在庫
棚卸資産の簿価切下げ

【解説】

「棚卸資産の評価に関する会計基準」では、通常の販売目的で保有する棚卸
資産については、取得原価をもって貸借対照表価額とし、期末における正味売
却価額が取得原価よりも下落している場合には、収益性が低下しているとみて、
当該正味売却価額をもって貸借対照表価額とするものとされている。この場合
の正味売却価額は、売価（＝売却市場における時価）から見積追加製造原価およ
び見積販売直接経費を控除したものをいう。
また、営業循環過程から外れた滞留または処分見込等の棚卸資産について、
合理的に算定された価額によることが困難な場合には、正味売却価額まで切り

下げる方法に代えて、その状況に応じ、次のような方法により収益性の低下の事実を適切に反映するよう処理するものとされている（「棚卸資産の評価に関する会計基準」9項）。

① 帳簿価額を処分見込価額(ゼロまたは備忘価額を含む)まで切り下げる方法

② 一定の回転期間を超える場合、規則的に帳簿価額を切り下げる方法

回答例は、営業循環過程から外れた滞留在庫について、上記の①の方法により、収益性の低下の事実を適切に反映する方法を採用しているケースを想定している。

法的根拠

「棚卸資産の評価に関する会計基準」9項

関連事例

【質疑】当社の取り扱っている製品は季節性があり、また、流行によって需要が大きく変化するものが少なくありません。長期間在庫として残るリスクもあり、会計上適切な対応がなされているのか心配です。会計処理について説明してください。

【応答】「棚卸資産の評価に関する会計基準」に従い、営業循環過程から外れた滞留または処分見込等の棚卸資産について、帳簿価額を備忘価額も含めた処分見込価額まで切り下げる方法など、その状況に応じ収益性の低下の事実を適切に反映するように処理しておりますので、ご安心ください。

質疑-56　販売用不動産の在庫

当社は販売用の不動産を多く保有しているようですが、含み損を抱えている物件が一部あるのではないかと思われます。具体的な物件を挙げてその状況を説明してください。また、今後の業績に大きな影響があると思われますが、その点をどのように考えているのでしょうか。

応答-56

当社は不動産の販売を業としていますので、販売用不動産の在庫を持っています。その中には、地価が上昇した時期に仕入れたものも一部ありますが、全体からみればごく一部です。代表的な物件については…（具体的な状況を説明する）状況になっています。ただし、事業計画上は全体として十分収益が計上できるとの見通しになっています。

また、時価が帳簿価額を下回ったものについては、会計基準に基づいて、帳簿価額を時価まで切り下げていますので、今後の業績にマイナスの影響が及ぶことはありません。どうかご安心ください。

キーワード

販売用不動産

【解説】

販売用不動産の仕入の時期によっては、その後の時価が下落しているものもあり得るが、トータルとして収益が計上できる事業計画になっているのであれば、その点を強調することが考えられる。

また、「棚卸資産の評価に関する会計基準」を適用することにより、正味売却価額が帳簿価額を下回るものについては、事業年度終了の時において帳簿価

額を正味売却価額まで切り下げる会計処理が強制されることになり、その後の業績には影響が及ばない。その点を付言することが考えられる。

　関連事例

【質疑】当社は、販売用不動産を在庫として持っていますが、棚卸資産のため減損会計の適用はしていないものと考えられます。会計処理をどのように行っているのか説明してください。

【応答】販売用不動産は棚卸資産のため、減損会計の適用は受けませんが、「棚卸資産の評価に関する会計基準」の適用を受けます。したがって、期末における正味売却価額が取得原価よりも下落している場合には、収益性が低下しているとみて、当該正味売却価額をもって貸借対照表価額としていますので、将来に損失が繰り延べられるようなことはありません。

質疑-57　破産更生債権等

　貸借対照表に「破産債権、更生債権その他これらに準ずる債権」が○○百万円計上されています。これは回収が困難な債権という意味であり、将来当社の業績を圧迫することになるのではないですか。

応答-57

　貸借対照表上の「破産債権、更生債権その他これらに準ずる債権」は、取引先○○社が民事再生法を適用申請したことにより、債権の分類を見直した結果計上しているものです。これについては、「金融商品に関する会計基準」に基づき、債権金額の100%相当額について貸倒引当金を計上しておりますので、将来の業績に与える影響はありません。どうかご安心く

ださい。

キーワード
破産更生債権等

【解説】

　債務者が経営破たんまたは実質的に経営破たんに陥った場合には、「金融商品に関する会計基準」に基づき、債権を「破産更生債権等」に分類した上で、債権金額から担保の処分見込額および保証による回収見込額を控除した残額に対して100％の貸倒引当金を計上することになる。

　「破産更生債権等」は、債務者が経営破たんまたは実質的に経営破たんに陥った場合に分類する区分であるが、必ずしも取立て不能が確定したものとは限らず、その後において一部回収できる場合もある。しかし、会計上は、債権金額に対して（担保の処分見込額および保証による回収見込額を除いて）貸倒引当金を100％計上する、または、債権金額を直接減額することになる（「金融商品に関する会計基準」28項、注10）。

　貸倒引当金を繰り入れた事業年度の利益にマイナスの影響を及ぼすことになるため、その翌事業年度以降の業績には直接影響は生じない（もっとも貸倒引当金を計上していた部分について回収があったときは、貸倒引当金戻入益が発生することになる）。

法的根拠
「金融商品に関する会計基準」28項、注10

関連事例
【質疑】当社の大口取引先○○社は、民事再生法の開始申立てをしたはずですが、会計上は十分な引当を取ってあるのですか。

【応答】「金融商品に関する会計基準」に基づき、破産更生債権等に分類しました。したがって、担保の処分見込額および保証による回収見込額を除いて、債権金額について100％貸倒引当金を計上しています。

質疑-58　投資有価証券の残高

　投資有価証券の残高が○○○億円と多額になっています。持合株式もかなり含まれていると思われますが、含み損が生じている銘柄もあるのではないですか。これだけ保有する意味が果たしてあるのでしょうか。

応答-58

　確かに取得時期との関係から含み損が生じている銘柄も一部ありますが、保有している投資有価証券は、取引先など業務上の必要性から特に有益と認められる銘柄に限定されています。また、持合株式については、コーポレートガバナンス・コードの取扱いを踏まえ、取締役会で審議を行いました。個々の銘柄について、資本コストに見合うのかどうかの検証をした結果、資本コストに見合わないと判断された5銘柄について売却を行う方針といたしました。売却した資金は、設備投資等に振り向ける予定です。残りの10銘柄については、いずれも取引関係が良好であり、また、成長性、将来性が認められる先であり、保有することによるリターンが資本コストに十分に見合うと判断いたしました。今後も取引関係の強化を図っていきたいと考えており、保有を継続する方針です。

　なお、政策保有株式については、個別銘柄毎に、定期的、継続的に、中長期的に資本コストに見合うリターンを上げているかを検証し、見合わないと判断される銘柄については、市場への影響やその他考慮すべき事情にも配慮しつつ売却を行う方針です。

キーワード

持合株式
資本コスト

【解説】

　「金融商品に関する会計基準」における「その他有価証券」として分類されるものは、持合株式と純投資目的のものとに大別される。持合株式は、政策的な意図により保有していることが想定され、株式市況の動向のみで売買を判断するわけではない。

　また、東京証券取引所から公表された「改訂コーポレートガバナンス・コード」においては、いわゆる政策保有株式として上場株式を保有する場合には、資本コストに見合う保有の意義があるのかどうかについて十分に検証されるべきであるという考え方が示された。また、政策保有に関する方針を開示すべきとされており、政策保有の方針としては、取締役会において審議した過程と結果を踏まえた回答を用意しておくべきであると考えられる。「コーポレートガバナンス報告書」の開示内容を踏まえた説明が必要である。

キーワード

持合株式

関連事例

【質疑】当社は株式の持ち合いをしているものと思われますが、買収防衛目的であって、経営者の保身によるものであると推測されます。このような株式の持ち合いはただちに取り止めるべきものと考えますが、いかがですか。

【応答】当社が保有している持合株式は、取引先など業務上の必要性から保有しているものであって、買収防衛目的ではありません。主要な持合株式については、取締役会においてそのリターンとリスクを踏まえた中

長期的な経済合理性や将来の見通しを十分に検証し、取引関係等から
の有益性が特に認められるものについて継続保有しているものであり、
ただちに処分することを考えていません。ただし、今後において諸般
の情勢により一部を処分することはあり得るものと考えています。

質疑-59　関係会社貸付金

関係会社貸付金の内容と貸付理由を説明してください。

応答-59

関係会社に対する貸付金は、総額で○○○百万円であり、主な貸付先は
○○株式会社および○○株式会社に対するものです。詳しい内訳について
は、注記表の「関連当事者との取引に関する注記」（招集通知の添付書類○
○ページ）を参照してください。なお、貸付理由としては、主に○○であ
ります。

キーワード
関連当事者との取引

【解説】
　関係会社貸付金が一定金額ある場合、株主としてはその内容や貸付理由に関
心を持つことが考えられる。内容としては、総額とその主な貸付先を説明した
上で、詳しくは「関連当事者との取引に関する注記」を参照する旨を付言する
対応も考えられる。
　「関連当事者との取引に関する注記」では、資金貸借取引、債務保証等およ
び担保提供または受入れも開示対象である。貸付理由としては、ケースによっ

て異なると思われるが、主な理由を説明する程度で差し支えないと考えられる（関係会社の立場を考慮した場合に、具体的な使途内容まで説明することは必要ないと考えられる）。

　また、取引条件および取引条件の決定方針も注記事項とされているため、公正な条件で取引されているのかどうかも確認ができる。

法的根拠

会社計算規則98条 1 項15号、112条

企業会計基準第11号「関連当事者の開示に関する会計基準」

企業会計基準適用指針第13号「関連当事者の開示に関する会計基準の適用指針」

関連事例

【質疑】関係会社貸付金がありますが、利率の決定に恣意性が入るおそれがあります。どのような条件で取引されているのですか。

【応答】関係会社貸付金の利率については、市場金利を勘案して合理的に決定しております。恣意性が入らないように配慮して決定しています。

質疑-60　貸付金の担保保全

貸付金について担保保全はされていますか。将来の貸倒れのリスクに対してどのように対策を講じていますか。

応答-60

貸付金については、基本的には担保保全を致しております。物的担保をとっているもの、人的保証をとっているものがそれぞれあります。ただし、子会社に対する貸付金と従業員に対する貸付金については、担保保全はしていません。子会社については、当社においてその財政状態を含めた経営状況を十分に把握していますので、不要と考えています。また、従業員についても退職金を事実上引き当てているため、必要ないものと考えています。

キーワード

担保保全

【解説】

貸付金の担保保全は、リスク管理の問題である。貸付先の信用リスクに対しては、一定のリスク管理体制が整備されている必要がある。

この点については、平成22年3月31日以後に終了する事業年度に係る財務諸表（および計算書類）から、「金融商品の状況に関する事項」および「金融商品の時価等に関する事項」が開示されることとされており、「金融商品の状況に関する事項」のなかで「金融商品の内容およびそのリスク」および「金融商品に係るリスク管理体制」が開示項目となっている。

子会社に対する貸付金については、経営状況を十分に把握しているとの前提

のもとで、担保保全しないケースも多い。また、従業員に対する貸付金についても、退職金を事実上引き当てていると考えられるため、担保保全しないのが通常である。

法的根拠

会計基準適用指針第19号「金融商品の時価等の開示に関する適用指針」

質疑-61　貸倒引当金

> 貸倒引当金はどのような勘定科目についていくら計上しているのですか。十分に引き当てているのですか。

応答-61

貸倒引当金については、債務者の経営状況等の判断に基づき、流動資産についは○○百万円、固定資産については○○百万円計上しています。また、計上対象の勘定科目の内訳は、…（具体的な科目名とその金額内訳を説明）です。引当金の計上額については、「金融商品に関する会計基準」に基づいて適切な額を計上しており、監査法人からも特に指摘はありません。なお、法人税法の限度額は○○百万円であり、限度超過額が○○百万円生じています。

キーワード

貸倒引当金

【解説】

貸倒引当金の計上は、「金融商品に関する会計基準」に準拠することになる。

債務者の経営状況等に応じて、債権を①一般債権、②貸倒懸念債権、③破産更生債権等の３つに分類し、それぞれの算定ルール基づいて、適切な金額を計上する必要がある。監査法人のチェックを受けることから、その計上額の妥当性についての問題は基本的にないものと考えられる。

法的根拠

「金融商品に関する会計基準」27項、28項

関連事例

【質疑】貸倒引当金の計上ルールはどのようになっているのですか。

【応答】貸倒引当金の計上は、「金融商品に関する会計基準」に準拠して行っています。具体的には、債務者の経営状況等に応じて、債権を①一般債権、②貸倒懸念債権、③破産更生債権等の３つに分類し、それぞれの算定ルール基づいて、適切な金額を計上しております。なお、監査法人から特に指摘は受けていません。

質疑-**62**　固定資産の残高の増加

固定資産の残高がここ２、３年増加しています。どのような投資を行った結果、このような増加が生じているのですか。過大な投資を行っているようなことはないのですか。

応答-**62**

ご指摘のとおり、固定資産の残高はここ２、３年おおよそ○○%増加しています。それは、○○に新規の生産設備を設置したことによる影響がほとんどであります。当該生産設備は、○○製品の需要増に対応するためのものであり、適切な事業計画に基づいて実施しており、過大投資ということは決してないものと考えています。

キーワード

過大投資

【解説】

固定資産の残高の増加に株主の関心が向けられる可能性が高い。増加の主な理由を説明した上で、適切な事業計画に基づいて実行されている旨を付言することが考えられる。

また、設備投資を行った後の事業環境の変化により、想定外の需要減退が生じることも考えられる。その場合は、設備投資を行った時点において想定できないような変化であった旨と、それに対する今後の対応策などを説明することが考えられる。

質疑-**63**　固定資産の残高の減少

　　固定資産の残高が、前期比較で○○億円減少しています。事業環境が良
好でないため、不要な設備がたくさん発生したことを意味するのですか。
その理由を説明してください。

応答-**63**

　　固定資産残高の主な減少理由は、①遊休資産（○○倉庫の跡地）の売却
処分、②○○工場の稼働率の低下を原因とした減損処理の実施であります。
遊休資産の売却処分についてはかねてよりの懸案であり、有利子負債の圧
縮に振り向けられるものですので、問題ないものと考えています。また、
○○工場の減損処理については、稼働率が○○％減少したことに伴い、監
査法人の指導のもと減損損失を計上する判断をしたものですが、需要回復
による稼働率の上昇も見込まれており、それほど悲観する状況ではないと
認識しています。

　　なお、減損処理により帳簿価額を切り下げたことから、翌期以降の減価
償却費が減少することになり、翌期以降の業績にはプラスの影響を与える
ことになります。

　キーワード

遊休資産の売却処分
減損損失

【解説】

　「固定資産の減損に係る会計基準」の適用により、固定資産の減損処理を実
施するケースがみられる。あくまでもその事業年度終了時の判断によったもの

であり、その後の経済環境の好転があったとしても、減損損失の戻入れは行わないのが日本の会計基準のルールになっている（国際会計基準の場合は、日本基準と異なり、収益性が回復したときは減損損失の一部戻入れを行う）。ただし、減価償却資産の減損処理については、帳簿価額が減少することにより、翌期以降の減価償却費が減少することになり、耐用年数を通じて損失が実質的に取り戻される結果となる。また、需要回復が見込まれているのであれば、その点を当然に説明するべきである。

質疑-64　投資有価証券の残高と内容

　投資有価証券の残高が○○○億円あります。これらは、持合株式が中心かと思われますが、内容を銘柄別に教えてください。また、このように多額に所有する必要があるのですか。

応答-64

　投資有価証券のうちの持合株式は、取引先との間の強固な信頼関係の構築のために所有しているものであり、これによって事業の円滑化、株主の安定化につながり、結果として、株主の皆様にとって共同の利益につながっています。持合株式については、取締役会において当社の資本コストに見合うのかどうかを十分に検証しており、取引関係等から特に有益性が認められ、その保有が資本コストに見合うと判断されたものに限定して継続保有しているものであり、適正な判断に基づいているものと認識しています。なお、主要な銘柄は○○、○○、○○です。

キーワード

持合株式

【解説】

　持合株式は、取引先など業務上の必要性から保有しているものが多く、取引
関係等から有益な面があり、事業の円滑化の効果により、株主共同の利益につ
ながっている旨を説明することが考えられる。

　また、東京証券取引所から公表された「改訂コーポレートガバナンス・コー
ド」においては、いわゆる政策保有株式として上場株式を保有する場合には、
資本コストに見合う保有の意義があるのかどうかについて十分に検証されるべ
きであるという考え方が示されている。また、政策保有に関する方針を開示す
べきとされており、政策保有の方針としては、取締役会において審議した過程
と結果を踏まえた回答を用意しておくべきであると考えられる。「コーポレー
トガバナンス報告書」の開示内容を踏まえた説明が必要である。

質疑-65　子会社株式・関連会社株式

　子会社株式および関連会社株式は、時価評価せずに取得原価のまま計上
しているようです。時価評価した場合は、評価損が認識されるのではない
ですか。子会社・関連会社の財政状態を考慮した場合、どの程度の評価損
が計上になるのかを教えてください。

応答-65

　「金融商品に関する会計基準」に基づいて、子会社株式および関連会社
株式については、資産状態が著しく悪化したものについて減損処理を行う
場合を除いて、取得原価で計上しています。会計基準のルールでは、子会
社株式および関連会社株式の保有は事業投資と同様に考えられることか
ら、時価評価を行う必要はないとされているからです。また、子会社およ
び関連会社の財政状態は悪化しておりません。

キーワード

子会社株式
関連会社株式

【解説】

　「金融商品に関する会計基準」では、子会社株式および関連会社株式については、事業投資と同様に考え、取得原価のまま計上するものとされている。事業投資と同様に取り扱うのは、時価評価差額を財務活動の成果としてとらえることができないからである。ただし、資産状態が著しく悪化したものについては、実質価額まで減損処理を行い、損益計算書に評価損を計上すべきものとされている。なお、連結財務諸表上は、その実質価額が反映されている。

法的根拠

「金融商品に関する会計基準」17項、20項、21項

関連事例

【質疑】子会社の中には財政状態が悪化したものもあるはずです。減損処理を行っていないのですか。

【応答】子会社○○株式会社の株式につきましては、資産状態が著しく悪化したことから2年前に実質価額まで減損処理を行っていますが、それ以外の子会社株式については減損の対象にはなっていませんので、取得原価で計上しています。

質疑-66　ゴルフ会員権

　　ゴルフ会員権をどの程度保有しているのですか。近年値下りしているものが大半ですが、会計上は適切な処理をしているのですか。税務上は値下りしているだけでは損金として認められないから、売却処分したほうが当社にとっていいのではないですか。

応答-66

　　ゴルフ会員権は、帳簿価額総額で○億円所有しています。会計上は、「金融商品に関する会計基準」の適用により、そのすべてについて減損処理をしています。ご指摘のように、税務上は値下りしているだけでは損金の額に算入できません。しかし、接待目的として現に利用していますので、売却する予定は現在のところございません。

キーワード

ゴルフ会員権の減損処理

【解説】

　　ゴルフ会員権は、取得時期に比べて時価が著しく下落しているケースが多い。「金融商品会計に関する実務指針」の適用により、ゴルフ会員権については取得原価をもって計上するが、時価があるものについては著しい時価の下落が生じた場合、または時価を有しないものについて当該株式の発行会社の財政状態が著しく悪化した場合には有価証券に準じて減損処理を行う。また、預託保証金の回収可能性に疑義が生じた場合には債権の評価勘定として貸倒引当金を設定するものとされている（「金融商品会計に関する実務指針」135項）。したがって、決算書上はその実質価額が反映されているものと考えられる。

　税務上は、著しく時価が値下りしているだけの理由では、その減損損失について損金の額に算入することは認められていない。税務上、損金として認められるためには、売却処分することが考えられる。しかし、単なる投資目的で保有しているケースは稀であり、接待目的として事業の用に供することが本来の保有目的であることから、上記のような回答例で問題ないものと考えられる。

法的根拠

会計制度委員会報告第14号「金融商品会計に関する実務指針」135項

質疑-67　繰延資産

　会社法には繰延資産の規定はないと思いますが、当社の貸借対照表には繰延資産である「株式交付費」が計上されています。費用の繰延べであって、法律の規定に反するのではないですか。

応答-67

　繰延資産については、会社法および会社計算規則に直接の規定はなく、公正な会計慣行に委ねる取扱いになっています。企業会計基準委員会の公表した「繰延資産の会計処理に関する当面の取扱い」に準拠し、その効果が将来に発現するものと期待される費用であり、また、企業規模の拡大のためにする資金調達などの財務活動に係るものですので、資産計上し3年の定額法で償却を行うものです。適切な会計処理です。また、会計監査人からも適正との判断をいただいています。

キーワード

繰延資産

株式交付費

【解説】

　企業会計基準委員会から公表されている「繰延資産の会計処理に関する当面の取扱い」によれば、株式交付費については次のように処理するものとされている。すなわち、株式交付費（新株の発行または自己株式の処分に係る費用）は、原則として、支出時に費用（営業外費用）として処理する。ただし、企業規模の拡大のためにする資金調達などの財務活動（組織再編の対価として株式を交付する場合を含む）に係る株式交付費については、繰延資産に計上することができる。この場合には、株式交付のときから3年以内のその効果の及ぶ期間にわたって、定額法により償却をしなければならない。原則は支出時の費用処理とされているが、例外的に企業規模の拡大のためにする資金調達などの財務活動に係る株式交付費については、繰延資産に計上することが認められている。

法的根拠

実務対応報告第19号「繰延資産の会計処理に関する当面の取扱い」

関連事例

【質疑】貸借対照表に「株式交付費」が計上されています。費用がなぜ資産計上されているのですか。利益の水増しをしているのと同じではないですか。

【応答】株式交付費については、企業会計基準委員会の「繰延資産の会計処理に関する当面の取扱い」に従い、その効果が将来にわたって発現するものと期待される費用であり、また、企業規模の拡大のためにする資金調達などの財務活動に係るものであることから、繰延資産に計上し、株式交付のときから3年以内のその効果の及ぶ期間にわたって、定額法により償却を行っています。会計のルールに照らして問題はありません。

質疑-68　繰延資産の廃止

　国際会計基準とのコンバージェンスの一環として、繰延資産の廃止の可能性があるようです。当社は、貸借対照表に繰延資産を計上していますが、このような国際的な会計ルールの流れのなかで逆行しているのではないですか。

応答-68

　ご指摘のとおり、国際会計基準とのコンバージェンスが図られた場合、繰延資産はその多くが費用処理とされるようです。現在計上されている繰延資産は、企業会計基準委員会の「繰延資産の会計処理に関する当面の取扱い」に基づいて計上したものについて償却している未償却残高ですので、まったく問題はありません。ただし、今後については、国際会計基準とのコンバージェンスの動向を注視しつつ、そのときの適切なルールに基づいて対応していくつもりです。

キーワード

国際会計基準とのコンバージェンス

【解説】

　企業会計基準委員会においては、無形資産全般の体系的な会計基準の開発を最終的な目標に、無形資産専門委員会において検討開始し、いったん「無形資産に関する論点の整理」（以下「論点整理」という）が公表されている。国際会計基準とのコンバージェンスを図った場合、その多くは費用処理となる見込みである。ただし、現在審議は休止中である。

　企業会計基準委員会から、平成18年8月11日に公表された実務対応報告第19

号「繰延資産の会計処理に関する当面の取扱い」によれば、当面の間、①株式交付費、②社債発行費等（新株予約権の発行に係る費用を含む）、③創立費、④開業費、⑤開発費の5項目について、費用処理を原則としつつ、例外的に繰延資産の計上およびその後の償却を認めるものとしている。

　国際会計基準では、企業に対し将来の便益を提供するが、認識できる無形資産は、その発生時に費用として認識するものとされており、IAS38号（無形資産）では、費用処理する支出として、法人の設立費用などの開業準備活動に係る支出、新規ビジネスの開始や新製品の発売に要する支出などが例示されている。

法的根拠

実務対応報告第19号「繰延資産の会計処理に関する当面の取扱い」
無形資産に関する論点の整理

質疑-69　新株発行費

　新株発行を最近行っていますが、会社法の規定では新株発行費を資本金等の額から控除することができると聞きました。当社の場合、新株発行費はどのように処理していますか。

応答-69

　平成○○年○月の新株発行において、新株発行費は○○百万円発生し、費用として計上しています。資本金等の額は、払込金額に基づいて計上していますので、新株発行費は影響していません。企業会計基準委員会から公表されている実務対応報告の取扱いに従っているものであり、適切な処理であると認識しています。

キーワード

資本控除の禁止

【解説】

　企業会計基準委員会から公表されている実務対応報告第19号「繰延資産の会計処理に関する当面の取扱い」によれば、新株発行費は原則として費用処理（営業外費用に計上）するものとされており、また、繰延資産として計上して一定の償却を行うことも認めるとされている。新株発行費を資本金等の額から控除する処理（資本控除という）を認めていないことから、そのような処理は公正な会計慣行とはいえないものと考えられる。原則的な会計処理は費用処理であり、繰延資産として計上した上で一定の償却を行う方法が例外的に認められる。

　（注）　新株発行費と自己株式の処分費用を合わせて「株式交付費」という。

法的根拠

会社計算規則14条 1 項 3 号

実務対応報告第19号「繰延資産の会計処理に関する当面の取扱い」

質疑-70　支払手形と決済手段

　当社は支払手形の残高が多いと思われます。現預金の残高があるにもか
かわらず、一方で支払手形の残高も多いということは、現金払いの比重を
高めるなどして、仕入コストの低減を図る余地があるのではないですか。
また、電子記録債権法が導入され、手形に代わる決済手段の法制が整備さ
れていることを考えると、印紙税の節減の問題なども含めて、もう少し決
済手段について検討する余地はあるのではないのですか。

応答-70

　現金払いの比率をできるだけ高めて仕入条件を有利にするための努力は
進めています。ただし、現状の資金繰りの中である程度の限界もあります。
また、電子記録債権法などの決済手段のご提案については貴重なご意見と
して承りますが、取引先との関係などから直ちに当社の意向だけで進まな
い面もあります。もう少し時間をかけて、検討していきたいと考えていま
す。

キーワード

仕入コストの低減
電子記録債権法

【解説】

　買掛債務の支払方法については、支払手形か現金かでその決済手段によって
仕入コストが極端に変わるわけではないが、現金での支払いのほうが安く仕入
条件を設定することもできる場合もある。また、支払手形に係る流動性リスク
（支払期日に支払いを実行できなくなるリスク）については、リスク管理体制の整

備の問題であり、別の問題として考慮されるべきである。

　なお、電子記録債権法の導入による電子記録債権・債務の利用については、今後の検討課題としてとらえている企業が少なくないと思われるが、その場合はその旨を回答することが考えられる。

　ただし、具体的な検討を進めている企業の場合は、その検討状況と今後の見通しなどを説明することが考えられる。

質疑-71　借入金の圧縮

　当社の財務面の課題は、有利子負債の圧縮であると思います。今後の収益性を高めていくためには、本業の収益力の向上ももちろん重要であるが、有利子負債の圧縮により支払利息を減少させることであると考えます。資産の流動化などの方策も考えられますが、経営者としてはどのような対策を考えているのでしょうか。

応答-71

　ご指摘のとおり、有利子負債の圧縮は、財務面の課題であると認識しております。そのための方策としては、現在、関係部門の改善策を分析、検討しています。資産の流動化についても、法制度が整備されており、具体的な検討を行っているところです。具体策が決定され次第、公表いたします。

キーワード

有利子負債の圧縮
資産の流動化

【解説】

　有利子負債の圧縮を財務面の課題としている企業は少なくない。業績が好調の場合には、利益による圧縮を図っていくことが考えられるが、業績が芳しくなく、また、有利子負債の存在自体が業績のマイナス要因になっているような場合には、資産の流動化を含めた根本的な対策も検討する余地があろう。

　資産の流動化については、資産の譲渡損益の計上により、財務面に重要な影響が生じ得るため、取締役会等において決定され次第、公表すべきであり、株主総会の場において初めて公表するべきでない。応答例のように、具体策が決定され次第、公表する旨を説明することが考えられる。

質疑-72　借入金の金利

　当社は、長期借入金の比重が短期借入金よりも明らかに高くなっています。長期借入金の金利は高く、結果として支払利息を余計に払っていることになるのではないですか。

応答-72

　当社としましては、資金の調達および運用に関して、財務部門での資金計画に基づいて、適切に実施しています。ある程度の中長期的な安定的な資金調達がないと、短期の支払いに支障をきたすおそれがあることから、その点を勘案して短期借入金と長期借入金のバランスを決めており、適切な判断であると認識しております。

キーワード

長期安定的な資金調達

【解説】

　設備投資資金の調達のように長期間の収益により返済を図っていく場合には、長期借入金や社債などによる長期安定的な資金調達でないと、資金調達に係る流動性リスクを抱える結果になる。一方、運転資金のように短期間内に返済が見込まれるものについては、短期借入金による資金調達が適当と考えられる。財務部門における資金計画により、短期借入金と長期借入金のバランスを決定していることが適切であり、その点を踏まえた回答が必要と考えられる。

質疑-73　役員賞与引当金

　貸借対照表に「役員賞与引当金」が○○億円計上されています。これから本総会で議案を決議しようとしているのに、なぜそれを見越して費用計上する必要があるのですか。最初から決議が承認される見込みで計上しているのであるとしたら、会計上問題があるのではないですか。

応答-73

　会計基準に従い、役員賞与については、発生した会計期間の費用として処理しております。すなわち、役員賞与は、他の役員報酬と同様に、職務執行の対価であるため、発生した期間（職務執行を行った会計期間）の費用処理が適当とされています。また、発生の可能性が高く、金額の合理的な見積りもできることから、引当金の計上が必要とされています。したがって、会計上適切な処理を行っています。

[キーワード]

役員賞与引当金

【解説】

　企業会計基準第4号「役員賞与に関する会計基準」においては、「役員賞与は、発生した会計期間の費用として処理する」（3項）としている。役員賞与は、他の役員報酬と同様に、職務執行の対価であることから、発生した期間（職務執行を行った会計期間）の費用処理が適当と考えられるからである。

　また、「当事業年度の職務に係る役員賞与を期末後に開催される株主総会の決議事項とする場合には、当該支給は株主総会の決議が前提となるので、当該決議事項とする額またはその見込額（当事業年度の職務に係る額に限るものとする）を、原則として、引当金に計上する」（13項）ものとされており、当事業年度の職務に係る役員賞与を当該事業年度末日に役員賞与引当金として計上しておいて、それを翌期に取り崩す処理が必要である。

　なお、子会社が支給する役員賞与のように、株主総会の決議はなされていないが、実質的に確定債務と認められるような場合には、未払役員報酬等の適当な科目をもって計上することができるとされている。

法的根拠

企業会計基準第4号「役員賞与に関する会計基準」3項、13項

質疑-74　年金の運用状況

　企業年金制度における年金資産の運用状況がよくない場合は、負債が増加し、純資産の減少をただちにもたらす影響が生じるように言われています。当社の場合、年金資産の運用状況はどうなっていますか。また、配当原資が足りなくなるような懸念はないのですか。

応答-74

　当社の年金資産の運用は、国内債券に比重を置いており、リスクの高い運用資産はできる限り抑える方針で行っております。

　年金資産の期待運用収益と実際の運用実績との差額が、会計上は数理計算上の差異とされ、費用処理していない部分が未認識の数理計算上の差異となります。この未認識の数理計算上の差異を連結貸借対照表上オフバランスにしないで、連結貸借対照表の負債の部に反映しなければなりません。当社の連結グループ全体の未認識の数理計算上の差異は当期末時点で〇〇億円であり、当期末の連結貸借対照表の負債部に反映しており、結果として税効果を調査した額を純資産の部に反映しておりますが、連結貸借対照表の純資産額に占める割合は〇%程度であり、連結の財政状態への影響は重要性が乏しいと考えております。

　また、この改正は、個別計算書類には適用されませんので、個別の剰余金をベースに算定される剰余金の分配可能額にはまったく影響がありません。配当原資が足りなくなるような懸念はありませんので、どうかご安心ください。

キーワード

年金資産の運用

（未認識の）数理計算上の差異

【解説】

　平成24年5月17日付で、「退職給付に関する会計基準」の一部改正が公表された。未認識の数理計算上の差異の即時認識については、原則として、平成25年4月1日以後に開始する事業年度の年度末に係る財務諸表から適用されている。

　数理計算上の差異（年金資産の期待運用収益と実際の運用成果との差異、退職給付債務の数理計算に用いた見積数値と実績との差異および見積数値の変更等により発生した差異をいう）の当期発生額および過去勤務費用（退職金規程や年金規程の改訂等に伴う退職給付水準の改訂等に起因して発生した退職給付債務の増加または減少部分をいう）の当期発生額のうち、費用処理されない部分（未認識数理計算上の差異および未認識過去勤務費用となる）については、税効果を調整の上、その他の包括利益を通じて純資産の部のその他の包括利益累計額に計上する。

　また、その他の包括利益累計額に計上されている未認識数理計算上の差異を当期に費用処理した部分については、税効果を調整の上、その他の包括利益の調整（組替調整）を行う。

　数理計算上の差異は、原則として各期の発生額について、予想される退職時から現在までの平均的な期間（「平均残存勤務期間」という）以内の一定の年数で按分した額を毎期費用処理するものとされ、その点は改正前と変わらない。

　未認識数理計算上の差異（および未認識過去勤務費用）は、その他の包括利益として計上し、その分負債が増加（または減少）し、その後は（費用処理された部分について）一定の年数で損益に組替調整していく。未認識数理計算上の差異（および未認識過去勤務費用）は連結貸借対照表の純資産にダイレクトに影響することになる。

　本改正内容は、連結財務諸表にのみ適用され、個別財務諸表については当面の間適用しないものとされている。したがって、剰余金の分配可能額に影響を与えることはない。

企業会計基準第26号「退職給付に関する会計基準」

質疑-75　年金資産の運用内容とリスク

> 　当社の年金資産はどのような運用内容になっているのですか。リスクの
> 程度も説明してください。年金資産の運用成績が悪化すると、退職給付費
> 用の増加につながり、将来の業績を圧迫する原因になるので、株主に十分
> 説明する必要があると思われます。

応答-75

> 　当社の年金資産は、国内の債券と株式が中心になっています。最近の株
> 式市況の状況により、運用利回りは期待していた水準を確保しております。
> できるだけ中長期的な投資方針のもとで堅実かつリスク分散を考慮した運
> 用となるように、信託銀行、生命保険会社などに運用を委託しています。
> 短期的には運用利回りに一定の変動は生じるものの、中長期的にはできる
> だけリスクが低減されるように心がけています。

キーワード

堅実かつリスク分散を考慮した運用

【解説】
　年金資産の運用成績が想定していたよりも悪化した場合は、数理計算上の差
異として退職給付費用を増加させる影響として働く。数理計算上の差異につい
ては、従業員の平均残存勤務期間内の一定の年数により償却する方針をとって
いる企業が多く、その場合は結果としてその後の一定年数の業績に影響を生じ

させることになる。なお、年金資産の運用成績が想定していたよりも良好であった場合は、退職給付費用のマイナスを通じて業績にプラスの影響が生じることになる。

質疑-76　役員退職慰労引当金

当社は役員退職慰労引当金を計上しています。役員退職慰労金は、株主総会の決議事項であって、役員が退任する段階で株主総会の決議により債務が確定するものです。引当金を計上する根拠がないように思われますが、どのようにお考えですか。

応答-76

従来からの役員退職慰労金の支給は、株主総会の決議を経た上で、当社の定める内規に基づきおおむね支給されています。会計上の発生主義の観点から、引当金の計上要件を満たしていると考えられ、引当金の計上は会計上強制です。監査法人の指導もそのようになっています。

キーワード

役員退職慰労引当金
発生主義

【解説】

日本公認会計士協会の監査・保証実務委員会実務指針第42号「租税特別措置法上の準備金及び特別法上の引当金又は準備金並びに役員退職慰労引当金等に関する監査上の取扱い」は、次の要件を満たしているときは、役員退職慰労引当金の計上が必要である旨を示している。

① 役員退職慰労金の支給に関する内規に基づき（在任期間・担当職務等を勘案して）支給見込額が合理的に算出されること

② 当該内規に基づく支給実績があり、このような状況が将来にわたって存続すること（設立間もない会社等のように支給実績がない場合においては、内規に基づいた支給額を支払うことが合理的に予測される場合を含む）

　上記の要件を満たしている場合は、企業会計原則・注解18の引当金の計上要件を満たすことが考えられ、各事業年度の負担相当額を役員退職慰労引当金に繰り入れなければならない点に留意が必要である。債務性のない引当金であって、企業会計上の引当金として整理されている。

法的根拠

監査・保証実務委員会実務指針第42号「租税特別措置法上の準備金及び特別法上の引当金又は準備金並びに役員退職慰労引当金等に関する監査上の取扱い」3⑴

関連事例

【質疑】役員退職慰労引当金を計上していますが、毎期の繰入額はどのようなルールで計上しているのですか。

【応答】役員退職慰労引当金については、各事業年度において、役員退職慰労金規程に基づく期末要支給額相当額を計上しております。

質疑-77　役員退職慰労金制度の廃止と引当金

> 当社は、昨年に役員退職慰労金制度を廃止したと記憶しています。貸借対照表に役員退職慰労引当金が計上されているが、なぜこの引当金が残っているのですか。廃止した以上、計上は不要と考えますが。

応答-77

> 確かに、昨年役員退職慰労金制度は廃止しました。しかし、廃止時までの職務執行に係る、いわゆる過去勤務分については、役員の退任時に支給いたします。したがって、その過去勤務分に係る支給見込額について役員退職慰労引当金を計上しています。

キーワード

役員退職慰労金制度の廃止

【解説】

　役員退職慰労金制度の廃止を決定した場合の会計処理は、次のようになる。すなわち、役員退職慰労金制度の廃止をする場合、任期中または重任予定の役員に対する廃止時点までの内規に基づく支給額につき、①制度の廃止に伴い、株主総会において承認決議を行う場合と、②制度は廃止するものの、当該廃止時点においては株主総会での承認決議を行わず、当該役員の退任時に承認決議を行う場合とが考えられる。

　①の場合で、当該役員の退任時まで承認済の慰労金の支給を留保するケースにおいては、当該支払留保金額は、退任時点に支払うという条件付の（金額確定）債務であると考えられるため、株主総会での承認決議後、実際に支払われるまでの間は、原則として長期未払金として表示されるものと考えられる。た

だし、1年以内に支給されることが確実である場合には、未払金として表示される。

　②については、株主総会決議を得ていないことから法律上は債務となっていないが、廃止を決定した株主総会の日に在任する役員の過去勤務分の退職慰労金については、役員の過去の職務執行に対して支給されるものであり、将来において支給されることが確実であり、かつ、金額の合理的な見積りも可能であることが想定され、引き続き役員退職慰労引当金として表示されることになる。

法的根拠

監査・保証実務委員会実務指針第42号「租税特別措置法上の準備金及び特別法上の引当金又は準備金並びに役員退職慰労引当金等に関する監査上の取扱い」3(1)③

関連事例

【質疑】役員退職慰労金制度を廃止するようですが、まだ在任している役員の廃止時までの金額については、どのような法的手続および会計処理を想定しているのですか。

【応答-1】役員退職慰労金制度の廃止に伴い、在任している役員の廃止時までの過去勤務分については株主総会において承認決議を得た上で、長期未払金として計上する予定です。

【応答-2】役員退職慰労金制度は廃止しますが、在任している役員の廃止時までの過去勤務分については株主総会においてただちに承認決議を得ないで、当該役員の退任時に承認決議を行う法的手続をとりますので（確定債務とならないことから）、役員退職慰労引当金として計上する予定です。

質疑-78　執行役員に対する退職慰労金

　当社は、執行役員を数名設置していると思います。執行役員に対する退職慰労金については、どのようなルールになっているのですか。役員については役員退職慰労引当金を計上していますが、執行役員の分についてはそれに含まれているのですか。引当金を計上していないとしたら、会計上不適切ではないのですか。

応答-78

応答例1

　当社の執行役員は、従業員としての地位を継続する形となっており、通常の従業員の退職慰労金制度に含めて取り扱われています。したがって、従業員に対する退職給付引当金として会計処理されており、会計上適切に処理されています。

応答例2

　当社の執行役員に対する退職慰労金については、従業員に対する退職慰労金とは別の内規を定めていますが、従業員に対する退職給付引当金の中に含まれています。会計上適切な処理です。

キーワード

執行役員に対する退職慰労金

【解説】

　執行役員制度を採用している会社が増加している。執行役員は会社法上の機関には当たらず、退職慰労金の支払に関する株主総会の承認決議は必要ではない。

　執行役員に対する退職慰労金制度には様々な形態がみられるが、制度設計上執行役員が、①従業員としての地位を失っておらず、通常の従業員の退職給付金制度に含めて取り扱われる場合と、②従業員に対するものとは別の内規を定めて運用している場合とがある。

　執行役員に対する退職慰労引当金について、①の場合は、従業員に対する退職給付引当金として会計処理されるものと考えられる。②の場合は、退職給付引当金もしくは役員退職慰労引当金に含めて開示する方法、または、執行役員退職慰労引当金として区分表示する方法が考えられる。他の科目に含めて開示した場合で金額に重要性がある場合は、執行役員に対するものを含めている旨を注記することが望ましいとされている。

　なお、役員退職慰労引当金に含めて開示するケースは、執行役員が委任契約に基づき、かつ、事実上役員に準ずるような場合であり、限定されると思われる。

法的根拠

監査・保証実務委員会実務指針第42号「租税特別措置法上の準備金及び特別法上の引当金又は準備金並びに役員退職慰労引当金等に関する監査上の取扱い」3⑴④

質疑-79　貸倒引当金

当社は、貸倒引当金を多額に計上しています。税効果会計に関する注記をみると、有税処理になっているようですが、税務上認められないものをそのように多額に計上する必要があるのですか。結果として、配当原資を少なくする要因になっているわけであり、保守的な会計処理が株主にとって不利な処理をしていることになるのではないですか。

応答-79

税務上の貸倒引当金は、平成23年のときの税制改正により段階的な廃止が決まり、現在の税法上の繰入限度額はゼロです。一方、会計上は、「金融商品に関する会計基準」に準拠する必要があり、債権区分に応じて適切な額を計上することが求められており、税法規定にとらわれない実態に見合った計上が求められています。会計監査人からは適切であるとの判断をいただいており、会計処理は妥当であると認識しています。また、経営の実態に合った会計処理であり、会社の財務安全性につながりますし、株主の投資判断にも有用な情報を提供しますので、株主の皆様にとって不利になるわけではありません。

キーワード

貸倒引当金の有税処理

【解説】

貸倒引当金の計上ルールについては、会計と税務に乖離がある。会計上は、「金融商品に関する会計基準」に基づき、債務者の状況等に応じて、債権を一般債権、貸倒懸念債権および破産更生債権等の3つに区分し、その区分に応じ

てそれぞれ計上ルールが定められている。一方、税務上は、税務政策上の必要性から、厳格な取扱いが求められている。平成23年12月 2 日公布の税制改正により、中小法人等、銀行、保険会社その他これらに類する法人などの一部の法人等を除いて、平成24年 4 月 1 日以後に開始する事業年度から段階的に廃止とされ、平成27年 4 月 1 日以後に開始する事業年度以後の税法上の繰入限度額はゼロとなった。金融商品に関する会計基準に準拠して適切な額が計上されており、それは税法上損金として認められないという点を説明することになると考えられる。

なお、破産更生債権等についての有税処理について、特定の企業名は説明すべきではないと考えられる。

法的根拠

「金融商品に関する会計基準」27項、28項

質疑-80 工事損失引当金の計上

工事損失引当金を計上していますが、これは赤字工事となることがわかっているのに受注したということではないですか。なぜそのような判断ミスがあったのか、理由を説明してください。

応答-80

工事損失引当金の計上対象となる工事契約は、当初においては黒字を見込んで契約したものですが、その後の資材価格の高騰などの影響により、赤字となることが見込まれるに至ったものです。決して最初から赤字となることが見込まれる工事を受注したわけではありません。資材価格の高騰という想定外のことが原因であり、決して判断ミスがあったとは考えてい

ません。

　なお、原価の見積り体制やプロジェクト管理について、従来以上に徹底する方針であり、このような赤字工事の防止策を強化するつもりです。

キーワード

工事損失引当金

受注損失引当金

【解説】

　工事契約について、工事原価総額等（工事原価総額のほか、販売直接経費がある場合にはその見積額を含めた額）が工事収益総額を超過する可能性が高く、かつ、その金額を合理的に見積もることができる場合には、その超過すると見込まれる額（以下「工事損失」という）のうち、当該工事契約に関してすでに計上された損益の額を控除した残額を、工事損失が見込まれた期の損失として処理し、工事損失引当金を計上する。

　この取扱いは、工事進行基準であるか工事完成基準であるかにかかわらず、また、工事の進捗の程度にかかわらず適用される。

> ①　工事原価総額等（販売直接経費を含む）＞工事収益総額となる可能性が高い
> ②　その金額を合理的に見積もることができる

工事損失引当金の計上が必要（強制）

　政策的に当初から赤字となることが見込まれる工事を受注することがまったくないわけではないが、ほとんどのケースは受注後の原材料価格や人件費の上昇などの要因によるものと考えられる。

　なお、ソフトウェア業においても、同様に、要件に当てはまる場合、受注損

失引当金の計上が必要になる。

法的根拠

企業会計基準第15号「工事契約に関する会計基準」19項

関連事例

【質疑】工事損失引当金が計上されていますが、その原因は何ですか。このような赤字案件は来期以降も発生する見込みですか。

【応答】工事損失引当金は、工事を受注した当初において想定しなかった原材料価格の高騰などを原因とするものです。今後は、原価の見積り体制やプロジェクト管理について、従来以上に徹底する方針であり、このような赤字工事が発生しないように防止策を強化するつもりです。

質疑-81　ポイント引当金の計上額

当社はポイント制度を導入しており、相応の利用率になっています。ポイント引当金を負債に計上していますが、その計上額は十分ですか。過少計上だと、後で追加の費用が発生することになりますが。

応答-81

ポイント引当金は、過去の利用実績に基づいて、適正な金額を引き当てています。監査法人からも特に指摘はありません。追加費用は発生しないと考えています。

キーワード

ポイント引当金

【解説】

　小売業などでは、ポイント制度を導入しているところが多く、会計上は引当金を計上する必要性が生じ得る。過去の利用実績など一定の根拠に基づいて計上することになり、会計監査上もその適正性についてチェックされている。

　なお、平成30年3月30日付で公表された「収益認識に関する会計基準」では、引当金の計上ではなく、契約負債として計上し、売上高を減額する処理が規定されているが、適用時期は令和3年4月1日以後に開始する事業年度の期首からとされており、早期適用も認められている。現状、早期適用している企業は、相当限定的である。

質疑-82　ポイント引当金の計上の要否

　当社では最近ポイント制度が導入されたはずですが、ポイント引当金が計上されていません。なぜ計上しないのですか。

応答-82

　ご指摘のとおり、前期にポイント制度を導入いたしました。まだ導入して日が浅く、利用状況に関するデータが十分ではありません。会計のルール上、合理的な見積りができない場合は、計上することができません。監査法人とも相談しましたが、利用金額についてのデータが整った段階において、適正な見積りを行い、引当金を計上する予定です。

キーワード

ポイント引当金

【解説】

　ポイント制度を導入した場合、引当金の計上要件を満たす限りにおいて、引当金を計上する必要がある。引当金の計上要件の中に、「金額の合理的な見積りができる」という要件があるため、導入間もなく、利用状況についてのデータが不足している場合には、当該要件を満たさない場合も考えられる。

法的根拠

企業会計原則・注解18

質疑-83　株主優待引当金の計上の要否

　当社には株主優待制度がありますが、株主優待引当金を計上する必要はないのですか。他社では計上しているところもあるようですが。

応答-83

　現在の株主優待制度は、以前のものを見直した結果、新たに導入されたものであり、導入されてからそれほど期間を経過していません。したがって、利用状況に関するデータが十分ではありません。会計のルール上、合理的な見積りができない場合は、計上することができません。監査法人とも相談しましたが、利用金額についてのデータが整った段階において、適正な見積りを行い、引当金を計上する予定です。

キーワード

株主優待引当金

【解説】

　引当金の計上要件を満たす限りにおいて、引当金を計上する必要がある。引当金の計上要件の中に、「金額の合理的な見積りができる」という要件があるため、導入間もなく、利用状況についてのデータが不足している場合には、当該要件を満たさない場合も考えられる。

法的根拠

企業会計原則・注解18

関連事例

【質疑】株主優待引当金とは何ですか。その計上金額の根拠も含めて説明してください。

【応答】当社の株主優待制度は、株主に対して当社製品を割引購入できる特典を与えるものです。一定の費用が発生する可能性が高く、過去の一定期間の利用実績に基づいて金額の合理的な見積りができることから、引当金の計上要件に該当するため、株主優待引当金を計上しています。

質疑-84　事業規模に比し多額の資本金

当社は事業のリストラを実行してきたことから、事業規模に対して資本金が過大になっていると思います。減資の実行により、株主に対して配当として一部返還を行うべきではないですか。

応答-84

資本金の額は過去の出資の結果を表しているものであり、必ずしも事業規模と比例するものではありません。また、将来に備えた一定の内部留保は必要ですし、将来の投資による事業規模の拡大も見込まれるため、資本金を減少して配当に充てる予定はありません。配当については、今後も引き続き事業活動による利益を原資として配当方針に則って行っていくことができるように、鋭意努力する所存でございます。

キーワード

資本金の減少（減資）

【解説】

資本金を減少した場合、その他利益剰余金がマイナス残高であるときは、それに充当するケースがみられるが（いわゆる欠損塡補）、その他利益剰余金がマイナス残高でない場合またはマイナス残高を上回る資本金の減少を行った場合は、「その他資本剰余金」に計上され、それは剰余金の分配可能額に組み入れられることになる。その他資本剰余金からの配当という形で、実質的に株主に対する払込資本の返還を行うことは可能である。ただし、減資を行ってまで配当を行うことは財務上健全とはいえず、極めて例外的なケースである。配当については、配当方針に則り、事業活動から得られた利益を基本原資として行っ

ていくのが健全であると考えられる。

関連事例

【質疑】当社の事業規模に比較して資本金が少額過ぎるように思われます。増
　　　資を検討する必要があるのではないでしょうか。

【応答】資本金の額は過去の出資の結果を表しているものであり、必ずしも事
　　　業規模と比例するものではありません。現在のところ当面の資金需要
　　　に対して特に新たな資金調達を行う必要はないものと判断しており、
　　　増資は検討しておりません。新たな資金需要が発生することが見込ま
　　　れる時点において、資金調達の方法については別途検討いたします。

質疑-85　多額の資本準備金

　当社は、過去の数回にわたる増資の影響により、資本準備金が多額にあ
ります。現在のように業績があまり芳しくない状況のもとでは、これを取
り崩して配当財源に組み入れることを考えるべきではないでしょうか。

応答-85

　業績の厳しい状況下において、経営の安全性を重視したいと考えており
ます。現在のように手元流動性にそれほどの余裕がない状況下において、
資本準備金を取り崩してまで配当を行う予定は今のところありません。

キーワード

資本準備金の減少

【解説】

　資本金または準備金を減少し、剰余金を増加させた場合は、剰余金の分配可能額が増加することになる。配当財源を生じさせることは可能ではある。しかし、手元流動性（キャッシュ）の面からみると、配当は社外流出であり、手元流動性が低下する結果となる。経営の安全性という観点から、手元流動性の確保は必要である。

関連事例

【質疑】資本準備金が多額に積み上がっていますが、現預金はそれほど潤沢になっていません。なぜこのような状況が生じるのでしょうか。

【応答】資本準備金は、過去の新株発行のときに計上されたものです。その後の設備投資などに調達した資金を充てていますので、現在の現預金は手元流動性の確保の観点から必要な範囲での残高となっています。

質疑-86　準備金の積立て

　当社は、前期に配当を行っているし、当期中にも中間配当をしています。当期の株主資本等変動計算書をみると、準備金の積立てをまったくしていません。確か配当の額の10分の１相当額の積立てが必要であったと認識しているが、なぜ積み立てていないのですか。

応答-86

　準備金は資本金の４分の１相当額を上限として積み立てる必要があると規定されていますが、当社の準備金残高は、資本金の額の４分の１相当額に達しています。したがって、法令上積み立てる必要はありません。

キーワード

準備金の積立て

【解説】

　剰余金の配当をする場合には、株式会社は、法務省令で定めるところにより、当該剰余金の配当により減少する剰余金の額に10分の1を乗じて得た額を資本準備金または利益準備金（以下「準備金」と総称）として計上しなければならない（会社法445条4項）。すなわち、剰余金の配当をする場合には、配当の額の10分の1相当額の準備金を増加させる必要があるが、準備金が資本金の4分の1相当額に達するまでの範囲でと規定されている（会社計算規則22条）。

法的根拠

会社法445条4項

会社計算規則22条

関連事例

【質疑】　当社は配当に際して準備金の積立てを行っています。準備金は配当財源から除かれるものと認識していますが、株主にとっては配当可能な金額が減少するということであり、不利な影響になります。なぜこのような株主にとって不利なことを行うのか、理由を説明してください。

【応答】　剰余金の配当をする場合、法務省令で定めるところにより、当該剰余金の配当により減少する剰余金の額に10分の1を乗じて得た額を、資本金の4分の1相当額を上限として、「準備金」として計上しなければなりません。法令の規定に基づき行っているものです。

質疑-87　多額の剰余金

当社の剰余金は相当多額になっています。また、一方で現預金も相当の額になっています。このような状況が続くと、買収の標的にされるおそれもあります。今後有効活用するような具体的な計画は持っていないのですか。

応答-87

現在、具体的な計画があるわけではありませんが、事業拡大のためのM&A（買収）の必要資金として活用することも考えられます。また、自己株式の取得ということも考慮に入れています。なお、決定次第公表いたしますので、本日はご容赦いただきたいと存じます。

キーワード
買収の標的

【解説】
現預金が多額に積み上がっている場合、M&A（買収）の標的にされやすくなる。それは、事業投資に充てていない資金が潤沢にあるということであり、M&A（買収）後において事業投資に充て、資金の有効活用を行うことにより、企業価値の向上を図ることがしやすいからである。具体的な計画については、すでに公表済みであればその内容を説明し、まだ未公表であるときは応答例のように説明することが考えられる。

質疑-88　欠損塡補

　欠損塡補のために、その他資本剰余金からマイナスの利益剰余金への振替を行っていますが、振替後においても利益剰余金にマイナス残高が残っています。なぜちょうどゼロになるまで塡補しないのですか。

応答-88

　その他資本剰余金からその他利益剰余金への計数の変更ですが、年度末に確定した利益剰余金のマイナス残高を限度として認められ、期中に発生した利益剰余金のマイナスに充てることは認められていません。ご指摘の処理は、会計基準に反することからできないものと考えられます。

キーワード

資本剰余金と利益剰余金の混同

【解説】

　会社法では、株主総会の決議により、剰余金の処分として、剰余金の計数の変更ができる（会社法452条）。会計上、その他資本剰余金による塡補の対象となる利益剰余金は、年度決算時の負の残高に限られるものとされている。なぜならば、期中において発生した利益剰余金の負の値を、その都度資本剰余金で補塡することは、年度決算単位でみた場合、資本剰余金と利益剰余金の混同に当たり、企業会計上問題があるからである。

法的根拠

会社法452条
会社計算規則153条1項

企業会計基準第1号「自己株式及び準備金の額の減少等に関する会計基準」61項

■関連事例■

【質疑】その他資本剰余金から振り替えてその他利益剰余金のマイナスを填補しています。このような処理を行うと、過去の業績の悪化による欠損金が消えてしまい、本当の実態がわからなくなってしまうと考えられます。その他資本剰余金による欠損填補は認められるのでしょうか。

【応答】その他資本剰余金から利益剰余金への計数の変更ですが、会社法452条の規定を根拠として認められており、会計基準によれば、年度末に確定した利益剰余金のマイナス残高を限度として認められています。法令や基準に照らして、問題ない処理であると考えられます。

質疑-89　土地再評価差額金

　　当社の貸借対照表には、土地再評価差額金が○○○億円計上されています。このような含み益に過ぎない実現していない利益を貸借対照表の純資産の部に計上する会計処理はおかしいのではないですか。また、その後の土地価格の下落の影響はどうなっているのですか。

応答-89

　　当該評価差額金は、平成10年3月31日に当時の時限立法として公布された「土地の再評価に関する法律」に基づいて、当社の事業用土地について当時再評価を行ったものです。当該法律の規定に基づく適正な処理です。
　　また、その後の土地価格の下落の影響ですが、当決算期における時価の合計額が再評価後の帳簿価額の合計額を下回っている場合の差額が計算書類

に注記されていますので（招集通知の添付書類○○ページ）、そちらをご参
照ください。

キーワード

土地再評価差額金

【解説】

　「土地の再評価に関する法律」は、平成10年３月31日に時限立法として公布
されたものである。この法律の適用を受けた場合は、所有する事業用土地のす
べてについて再評価を行うものと規定されている。土地の再評価の結果認識さ
れた「土地再評価差額金」については、貸借対照表の純資産の部の「評価・換
算差額等」または「その他の包括利益累計額」の区分に「土地再評価差額金」
として表示する（会社計算規則76条１項、７項）。

　また、法人が「土地の再評価に関する法律」３条１項の規定により再評価を
行った事業用土地の再評価後の決算期における時価の合計額が、当該事業用土
地の再評価後の帳簿価額の合計額を下回った場合においては、当該時価の合計
額と当該再評価後の帳簿価額の合計額との差額を貸借対照表に注記しなければ
ならない（「土地の再評価に関する法律」10条）。

法的根拠

土地の再評価に関する法律３条、10条
会社計算規則76条１項、７項

質疑-90 繰延ヘッジ損益

貸借対照表の純資産の部に、「繰延ヘッジ損益」○○億円が表示されています。これは、どのような内容なのですか。

応答-90

繰延ヘッジ損益は、ヘッジ会計を適用したときに計上されるものです。

「繰延ヘッジ」とは、ヘッジ手段であるデリバティブ取引の損益を発生時に認識せず、ヘッジ対象に係る損益が認識されるまで損益認識を遅らせ、ヘッジ対象が損益認識されるのと同一の会計期間に認識する方法です。ヘッジの効果を財務諸表に反映させるための会計処理です。当社の場合、外貨建ての債権に対して為替予約取引を行い、リスクヘッジしています。

為替予約取引はデリバティブ取引ですので、本来であれば時価評価の対象ですが、ヘッジ対象である外貨建ての債権の為替差損益の計上と合わせるために、ヘッジ手段である為替予約の時価評価差額を繰り延べるわけです。このときの損益を繰り延べるための項目が「繰延ヘッジ損益」であり、貸借対照表の純資産の部に表示されます。

キーワード

ヘッジ会計
繰延ヘッジ損益

【解説】

ヘッジ会計とは、ヘッジ取引のうち一定の要件を満たすものについて、ヘッジ対象に係る損益とヘッジ手段に係る損益を同一の会計期間に認識し、ヘッジの効果を財務諸表に反映させるための特殊な会計処理をいう。

　「金融商品に関する会計基準」の導入により、デリバティブ取引はオンバランスされ、売却または決済の前でも時価評価され、損益が認識されることとなった。したがって、ヘッジ取引が行われている場合に、ヘッジ対象に係る時価変動が損益に計上されないにもかかわらず、ヘッジ手段であるデリバティブ取引に係る損益が認識されることになり、ヘッジ対象とヘッジ手段に係る時価変動に係る損益が財務諸表上合理的に対応しなくなってしまう。

　ヘッジ取引は、ヘッジ対象とヘッジ手段の損益を相殺することを目的とした取引であり、会計上も同一の期間に認識することが、ヘッジの効果を財務諸表に表すことになる。ヘッジ会計とは、まさにそのための会計処理であるということができる。

　ヘッジ会計の方法には、次のように「繰延ヘッジ」と「時価ヘッジ」の2通りがある。「繰延ヘッジ」とは、ヘッジ手段であるデリバティブ取引の損益を発生時に認識せず、ヘッジ対象に係る損益が認識されるまで損益認識を遅らせ、ヘッジ対象が損益認識されるのと同一の会計期間に認識する方法である。損益認識を遅らせるために、損益を繰り延べる処理を行う。このときの損益を繰り延べるための項目が「繰延ヘッジ損益」であり、貸借対照表の純資産の部に表示される。

　なお、純資産の部に計上されるヘッジ手段に係る損益または評価差額については、税効果会計を適用しなければならない。

　一方、「時価ヘッジ」とは、ヘッジ対象である資産または負債に係る相場変動等を損益に反映させることにより、その損益とヘッジ手段に係る損益を同一の会計期間に反映させる方法である。金融商品に関する会計基準では、繰延ヘッジが原則的な方法であり、時価ヘッジは、ヘッジ対象である資産または負債に係る相場変動等を損益に反映させることができる場合に限り、認められる方法とされている。

法的根拠

会社計算規則76条7項2号

「金融商品に関する会計基準」32項

関連事例

【質疑】当社はヘッジ会計を適用しているようですが、何のためにこのような
会計処理を行っているのですか。

【応答】変動金利である借入金利息を固定化するために、ヘッジ手段として金
利スワップ取引を行っています。金利の変動による影響を相殺または
一定の範囲に限定する効果が見込まれるため、デリバティブ取引であ
る金利スワップ取引の時価評価は行わず、会計上もヘッジ対象とヘッ
ジ手段の損益を同一の会計期間に認識するために、デリバティブ取引
の損益を繰り延べる会計処理を行っています。

質疑-91　為替換算調整勘定

当社の連結計算書類をみると、その他の包括利益がマイナスになってい
て、その原因は為替換算調整勘定のマイナスであることがわかります。こ
れはどういう意味ですか。また、このような包括利益にマイナスが生じる
ということについて、何らかの対策を講じることはできないのですか。経
営者としての方針を聞かせてください。

応答-91

為替換算調整勘定とは、決算日時点で在外支店や在外子会社の為替換算
を行うにあたって発生する貸借差額を処理する勘定科目です。
本来、在外支店や在外子会社のすべての科目を同じ為替レートで換算す
れば、貸借差額は発生しないわけですが、外貨建取引等会計処理基準では、
在外支店の本店勘定および在外子会社の資本勘定は決算日レート適用では

なく、取得時（すなわち投資時）の為替レートが適用されますので、その分貸借差額が発生します。

　決算日のレートは投資時の為替レートよりも円高になっています。円高になった分、外貨建資産の円換算額が減少し、為替換算調整勘定がマイナスになったものです。ただし、最近の為替相場の状況により、為替換算調整勘定のマイナスは縮小しております。

　為替換算調整勘定に係るリスクヘッジの問題は認識しております。関係部門において、有効なリスクヘッジが可能であるかどうかを検討しております。検討の結果が明らかとなった時点でその内容を公表いたしますので、ご了承ください。

キーワード

為替換算調整勘定

有効なリスクヘッジ

【解説】

　平成23年3月期の年度末に係る連結財務諸表から、包括利益の開示がスタートしているが、為替換算調整勘定は、連結貸借対照表の純資産の部の「その他の包括利益累計額」に含まれる科目である。

　外貨建取引等会計処理基準では、在外支店および在外子会社の外貨建ての資産および負債科目については決算日レートで円貨に換算し、連結貸借対照表に計上するが、在外支店の本店勘定および在外子会社の資本勘定は取得時（すなわち投資時）の為替レートを適用する。その時発生する貸借差額が為替換算調整勘定である。

　円高の進行局面においては、投資時の為替レートよりも決算日レートが円高になるため、円高になった分、外貨建資産の円貨額は減少するが、在外支店の本店勘定および在外子会社の資本勘定はより円安時の為替レートで依然として

換算されることから、為替換算調整勘定がマイナスになる。

　株主に対しては、その意味・内容をわかりやすく説明した上で、現時点におけるスタンスを株主の理解が得られるように説明することが考えられる。有効なリスクヘッジ手段を検討しているのであれば、検討している旨を説明し、決定次第公表する旨を付言することが考えられる。

質疑-92　新株予約権

　貸借対照表の純資産の部に、新株予約権が計上されています。いつ誰に発行したものなのですか。また、権利行使されていないものを純資産として認識するのはおかしいのではないですか。

応答-92

　当該新株予約権は、平成○○年にストック・オプションを導入したときに発行したものです。したがって、そのときの払込金額により計上されています。

　また、会計基準および法務省令の規定により、新株予約権は、純資産の部に表示し、権利行使されたときに資本金（または資本金および資本準備金）に計上されるとされています。適切な会計処理であると考えられます。

キーワード

新株予約権

【解説】

　新株予約権は、貸借対照表の純資産の部に表示すべきものとされている（会社計算規則76条1項1号ハ、2号ハ、企業会計基準第5号「貸借対照表の純資産の

部の表示に関する会計基準」7項）。確かに権利行使されていない段階であるが、純資産の部において、株主資本以外のものとして表示するルールになっているため、問題ない。

法的根拠

会社計算規則76条1項1号ハ、2号ハ

企業会計基準第5号「貸借対照表の純資産の部の表示に関する会計基準」7項

損益計算書に関する質疑応答

質疑-93 売上高の適正性

> 売上高の計上はどのような基準で行っているのですか。当社では、架空売上が計上されないようにどのような体制で臨んでいるのですか。

応答-93

当社の売上高は、出荷基準に基づいて計上しています。出荷に係る証憑に基づいて計上されていますし、一定の承認手続も整備されていますので、架空売上が計上される心配はありません。また、売掛金の残高確認や入金チェックなども厳格に行われています。さらに、内部監査、監査役の監査の重点対象にもなっていますし、会計監査人の監査においても特に指摘はありません。実体に基づいて適正に計上されています。

キーワード

売上高の適正性

出荷基準

納品基準

検収基準

【解説】

　売上高の計上は、出荷基準、納品基準または検収基準などの一定の計上基準に基づいて計上を行う必要があるが、出荷基準を採用している企業が多い。売上高を計上するにあたっては、一定の証憑（出荷基準であれば、出荷したことを証するもの）に基づいて計上を行う必要があるし、その計上について承認者の承認を求めるなど、内部統制のなかで明確なルールが定められていることが想定される。また、売掛金の残高確認が行われることにより、その実在性も確かめられている。

　さらに、内部監査、監査役の監査の重点項目としてチェックが行われているし、会計監査人の監査も受けていることから、計上額の適正性については一定の担保がされているものととらえることができる。

法的根拠

企業会計原則

質疑-94　増収減益の理由

　当期は、増収減益になっています。売上が増加しているのに利益が減少するということは経営に何らかの問題があったからではないですか。その要因を納得ができるように説明してください。

応答-94

　経営環境の悪化に伴い需要が減退したため、販売価格が低下いたしました。販売活動と新製品の投入などで一層の努力を行い売上高の目標は達成したのですが、販売費の増加、開発費用の増加などの経費が増加したため、結果として減益となりました。厳しい経営環境下で増収を達成したのは、経営努力の成果であり、経営に問題はなかったと考えております。翌期以降は、販売活動、新製品の投入の効果が表れてくる一方で、販売費等の経費の節減にも努めますので、増益を見込んでいます。

キーワード

増収減益

【解説】

　販売単価が低下する中での販売費、開発費の増加などの原因により、売上高が増加したにもかかわらず、減益になるケースもみられる。需要が減退傾向の中で値引きによる販売増を図った結果、減益になるケースも生じ得る。増収減益になった理由説明および今後の対応策を併せて説明することが考えられる。

質疑-**95**　売上原価の増加原因

当期は、売上原価がかなり増加しています。その影響で営業利益が大幅に落ち込んでいるようですが、売上原価がここまで増加した原因は何ですか。改善策も含めて詳しく教えてください。

応答-**95**

当期において、当社の製品の原材料費が○○％増加しました。仕入ルートの見直しも含めた抜本的な原価削減策を講じておりますので、翌期以降に改善していく見込みです。

キーワード

原価削減策

【解説】

売上原価の増加要因としては、原材料費、労務費、または経費の増加が考えられるが、売上原価の増加率が売上の増加率に比して大きい場合に、株主から理由の説明を求められることが考えられる。多くは単純な原材料費の増加などが原因である。

また、「棚卸資産の評価に関する会計基準」の適用により、帳簿価額が正味売却価額を上回る場合に、簿価切下げを行うことになるが、その簿価切下げ額が売上原価に算入される。期末在庫の簿価切下げが、売上原価の増加要因になり得ることを意味する。

売上原価の増加理由を説明するだけでなく、原価削減策を講じている旨、今後の改善の見通しなどを併せて説明することが考えられる。

法的根拠

企業会計基準第9号「棚卸資産の評価に関する会計基準」

質疑-96　販売費及び一般管理費の内訳明細

販売費及び一般管埋費の内訳明細を教えてください。

応答-96

> 人件費が○○億円、福利厚生費が○億円、交際費が○○百万円、広告宣伝費が○億円、減価償却費が○○億円であります。

キーワード

販売費及び一般管理費の内訳明細

【解説】

　附属明細書に「販売費及び一般管理費の明細」を記載する（会社計算規則117条3号）。間接開示書類であり、直接株主に提供される開示書類ではないが、株主総会で質問を受けた場合は、附属明細書の記載内容をある程度ベースとした説明で問題ないものと考えられる。

法的根拠

会社計算規則117条3号

質疑-**97**　経費削減の内容

　業績が芳しくない企業においては経費削減の努力が行われていると思われますが、当社の販売費及び一般管理費は前期比で○％減少しています。一定の努力をしたものと思われますが、十分かどうかはこの数値だけでは判断つきかねます。具体的に実施した経費削減の内容について説明してください。

応答-**97**

　役員給与○％減額、従業員賞与○％減額を実施しました。また、広告宣伝費を見直した結果、前期比で○％減少しています。さらに、交際費につきましても、○％減額となりました。当社としては、可能な限りの経費削減努力を行い、企業活動を行っていく上で必要なものや営業政策上必要なものを除いて、抜本的な見直しを行ったものであります。

キーワード

経費削減

【解説】

　業績が厳しい状況下においては、経費の削減努力を行うのが通常であるが、その具体的な努力内容を問う質問である。具体的な費目ごとに減少率を示す対応が考えられる。株主総会の開催にあたっては、そのようなデータも用意しておくことが望ましい。

質疑-98　ストック・オプションの費用計上

当社は、ストック・オプション制度を導入しています。役職員に対するストック・オプションの付与は、人件費と同じように考えて、費用に計上する会計ルールになっているようです。当社の場合は、その費用計上額については、適正に行っているのでしょうか。

応答-98

当社では、ストック・オプションの公正価値をオプションの評価モデルであるブラック・ショールズ・モデルにより算定し、その公正価値を期間配分する会計処理を採用しており、会計基準に準拠して適正に処理しています。

キーワード

ストック・オプションの公正価値
ブラック・ショールズ・モデル

【解説】

　「ストック・オプション等に関する会計基準」では、ストック・オプションを付与し、これに応じて企業が従業員等から取得するサービスは、その取得に応じて費用として計上し、対応する金額を、ストック・オプションの権利の行使または失効が確定するまでの間、貸借対照表の純資産の部に新株予約権として計上するものとされている。

　各会計期間における費用計上額は、ストック・オプションの公正な評価額のうち、対象勤務期間を基礎とする方法その他の合理的な方法に基づき当期に発生したと認められる額であり、ストック・オプションの公正な評価額は、公正

な評価単価にストック・オプション数を乗じて算定する。

　また、ストック・オプションは、通常、市場価格を観察することができないため、株式オプションの合理的な価額の見積りに広く受け入れられている算定技法を利用することとなる。「株式オプション価格算定モデル」は、ストック・オプションの市場取引において、一定の能力を有する独立第三者間で自発的に形成されると考えられる合理的な価格を見積もるためのモデルであり、市場関係者の間で広く受け入れられているものをいい、たとえば、ブラック・ショールズ式や二項モデル等が考えられるものとされている。

法的根拠

「ストック・オプション等に関する会計基準」4項、5項、6項、48項

質疑-99　受取配当金の増加（海外子会社がある場合）

　営業外収益の受取配当金が多額に計上されています。これは、利益を多く見せるために無理をして子会社から配当を吸い上げたからではないですか。

応答-99

　受取配当金は、海外子会社からの受取配当金の増加の影響によるものです。海外子会社からの受取配当金については95％益金不算入とする税制措置が講じられていますので、今後の事業投資に活用するために、海外子会社の留保利益を国内に還流させているものです。決して無理をして吸い上げたわけではありません。今後の事業投資に振り向ける方針に基づいているものです。

（外国子会社からの配当金に係る）受取配当の益金不算入

【解説】

　平成21年度税制改正により、海外子会社からの受取配当金は、間接外国税額控除ではなく、益金不算入とするものとされた（ただし、配当の額のうち5％相当額を配当に係る費用とみなすため、配当額のうち95％相当額について益金不算入とされる）。日本の実効税率が海外に比べて高いことから、海外子会社の留保利益を国内に還流させにくいという問題があったことに対応した税制改正である。

　この改正の影響により、海外子会社の留保利益を国内に配当の形で戻す動きが一部生じている。

法人税法23条の2、39条の2
法人税法施行令22条の3、78条の2、142条の3・7項3号、155条の27・5項2号
法人税法施行規則8条の5

質疑-**100**　受取配当金の増加（海外子会社がない場合）

営業外収益の受取配当金が大幅に増加しています。当社は、海外子会社を持っていないが、このように増加する原因が特に思い当たりません。これは、利益を多く見せるために無理をして子会社から配当を吸い上げたからではないですか。

応答-**100**

受取配当金については、子会社からのものも含まれていますが、全体の○○％程度です。連結グループとしての資本効率の向上を考えた結果であり、決して利益操作によるものではありません。

キーワード

配当方針
配当政策

【解説】

親会社は子会社の意思決定機関を実質的に支配していることから、配当水準について親会社の意向が働いたのではないかという疑問に基づいた想定質問である。受取配当金のうち子会社からの配当の割合がそれほどでない場合には、上記の応答例のように全体の○○％と説明することが考えられる。各社の配当はそれぞれの配当方針・配当政策に基づいて行われるものであり、また、連結グループとしての資本効率を考慮して資金の移動を行う場合もある。利益操作を意図したものではないとの説明が考えられる。

質疑-101　支払利息の増加

　当期は営業外費用である支払利息が前期比増加している。当社の場合、経営環境が厳しいのに、銀行からの利率引上げに安易に応じているのではないですか。

応答-101

　銀行からの借入金は、変動金利のものが多く、市場金利に連動して金利が改定される契約になっています。当期は、市場金利の若干の上昇の影響があり、その影響により、支払利息が増加した面もありますし、運転資金を新たに調達したことによる影響もあります。

キーワード

リスク管理
リスクヘッジ

【解説】

　経営環境が厳しい企業においては、財務費用の増加に株主の目が向くことも考えられる。変動金利の借入金が相当額ある場合には、リスク管理の観点から、金利スワップなどによるリスクヘッジを検討する必要もあると考えられる。その点は、金融商品に関する注記の「金融商品の状況に関する事項」において、金融商品に係るリスク管理体制が開示事項とされている点との関連を考慮しておくことも必要である。

法的根拠

会社計算規則98条1項8号、109条

企業会計基準適用指針第19号「金融商品の時価等の開示に関する適用指針」

質疑-102　投資有価証券評価損の内訳

投資有価証券評価損が○億円計上されています。この内訳を銘柄別に教えてください。

応答-102

主な内訳としては、…（主要な内訳ごとの説明をする）です。なお、当社製品の大口納入先であり、取引関係の維持のために有益なため、現状において売却する予定はありません。

キーワード

投資有価証券評価損の銘柄別内訳

【解説】

投資有価証券評価損の銘柄ごとの内訳については、想定問答で用意しておくことが考えられる。また、純投資目的ではなく、取引関係の維持などの政策的な理由により保有している持合株式については、評価損が生じても、保有し続けることのメリットのほうが大きい場合もあるため、その場合はその点を説明する必要もあると考えられる。

質疑-**103**　投資有価証券売却損の内訳

> 投資有価証券売却損が○○億円も計上されています。この内訳を銘柄別に教えてください。また、その理由も説明してください。

応答-**103**

> 主な内訳としては、…（主要な内訳ごとの説明をする）です。その理由は、純投資目的で保有していたものの、株価の下落に伴い売却したことによるものです。財務の安全性を重視する観点から、やむなく売却したものです。

キーワード

投資有価証券売却損の銘柄別内訳

【解説】

　投資有価証券売却損益の銘柄別の主な内訳については、想定問答で用意しておくことが考えられる。

質疑-104　投資有価証券売却益による利益の増加

当期は本業についてはかなり減益になっているようですが、投資有価証券売却益の計上によって小幅な減益に留まっています。利益操作を意図して投資有価証券の売却を実行したのではないですか。株主の目を欺こうとしても、そのような手は見え透いていると思います。

応答-104

応答例1

投資有価証券の売却は取引関係の解消により、持合関係を解消することに伴って実行したものです。利益操作を意図したものではありません。

応答例2

投資有価証券の売却は、財務政策の一環として、有利子負債の一層の削減に努めるために売却したものです。売却代金は、有利子負債の返済に充当しておりますので、結果として支払利息の減少につながるメリットが大きいものと認識しています。利益操作を意図したものではありません。

キーワード

投資有価証券売却益

【解説】

「金融商品に関する会計基準」におけるその他有価証券の売却については特に制約はなく、その売却損益は損益計算書の損益に計上されるルールとなっている。持合関係の解消、財務政策の一環など、その実態に即した理由を説明することが考えられる。

質疑-**105**　固定資産売却損

> 　特別損失として「固定資産売却損」が○億円計上されています。このような多額の売却損を計上するということは、事業が失敗した結果手放したということではないですか。その内容などを説明してください。

応答-**105**

> 　事業報告に記載されているとおり、○○事業所の売却に伴って発生したものです。かねてよりの事業計画に基づき、事業所の整理・統合の方針に沿って手放したものであり、事業が失敗したわけではありません。取得時に比べて土地部分の時価が下落していますので、売却損が発生したものです。

キーワード

固定資産売却損

【解説】

　事業所の整理・統合等に伴い、固定資産売却損が計上される場合がある。減価償却資産の場合は、減価償却の進捗により帳簿価額が減少するため、売却損がそれほど生じないことも考えられるが、土地の場合は時価下落が売却損の原因となる場合も少なくない。

質疑-106　関係会社整理損の内容

　特別損失に関係会社整理損が多額に計上されています。事業投資の失敗であると考えられるが、その内容を説明してください。

応答-106

　子会社である○○株式会社を解散したことによるものです。主な内容としては、同社に対する債権放棄損、債務保証の履行などによる損失です。子会社○○株式会社は、一定の技術力もあり、一時は相当の利益を計上した時期もありましたが、その後新製品の登場などによる経営環境の急激な悪化に伴い、採算が悪化したものです。今後の損失回避のために整理することが妥当であると判断し、清算したものであり、事業投資の判断が誤っていたわけではないと考えます。

キーワード

関係会社整理損

【解説】

　子会社を解散・清算するケースも少なくないが、採算が悪化し、業績の回復が見込まれない場合には、今後より大きな損失を被ることを回避するために整理することも、親会社の経営判断の1つである。そのような経営判断による整理である旨を説明することが考えられる。

関連事例

【質疑】関係会社整理損はどこの関係会社に対するもので、その内訳を説明してください。

【応答】関係会社整理損は、子会社○○株式会社を解散したことによるものであり、主な内訳は債権放棄損、債務保証の履行に伴う損失です。

質疑-107　営業移転利益の計上

特別利益に「営業移転利益」が計上されていますが、この内容は何ですか。

応答-107

「事業分離等会計基準」に従い、会社分割による事業の移転が、譲渡であると判断されるときは営業移転損益を認識することになります。当期に計上している「営業移転利益」は、○○株式会社に対して会社分割により○○事業を移転したことに伴い発生したものであります。具体的には、受け取った対価である株式の時価が移転に係る株主資本相当額を上回ったことによるものです。すでにご説明しておりますように、当社の他の事業との相乗効果が期待できないと判断し手放したものです。

キーワード

営業移転利益

【解説】

会社分割における分離元企業は、事業分離日に、次のように会計処理を行う。

第1に、移転した事業に関する投資が清算されたとみる場合には、その事業を分離先企業に移転したことにより受け取った対価となる財の時価と、移転した事業に係る株主資本相当額（移転した事業に係る資産および負債の移転直前の適正な帳簿価額による差額から、当該事業に係る評価・換算差額等および新株予約

権を控除した額をいう）との差額を移転損益として認識するとともに、改めて当該受取対価の時価にて投資を行ったものとする。

　第2に、移転した事業に関する投資がそのまま継続しているとみる場合、移転損益を認識せず、その事業を分離先企業に移転したことにより受け取る資産の取得原価は、移転した事業に係る株主資本相当額に基づいて算定するものとする。子会社株式や関連会社株式となる分離先企業の株式のみを対価として受け取る場合には、当該株式を通じて、移転した事業に関する事業投資を引き続き行っていると考えられることから、当該事業に関する投資が継続しているとみなされる（「事業分離等に関する会計基準」10項）。

法的根拠
企業会計基準第7号「事業分離等に関する会計基準」10項

関連事例
【質疑】損益計算書に営業移転利益が計上されています。事業を身売りしたということですか。その理由・内容を説明してください。

【応答】営業移転利益は、○○事業を○○株式会社に対して会社分割により移転したことに伴うものです。すでにご説明しておりますように、当社の他の事業との相乗効果が期待できないことから、事業計画に基づいて移転を行ったものです。

質疑-**108**　構造改善費用

　特別損失に構造改善費用として○○億円計上されており、これは○○事業撤退に伴うリストラ費用とのことです。このような大規模なリストラを実行したことによる経営上の効果はどのようになっているのですか。単なる経営の失敗に伴う損失を出しただけではないのですか。

応答-**108**

　○○事業は、10年ほど前に新規で始めた事業であり、当初は順調に黒字を出していましたが、その後の経営環境の変化により、不採算となったものです。今後の改善が見込まれないと判断し、経営資源の最適配分の観点から、事業の選別を行い、撤退する判断をしました。これにより、主力事業に設備や人員などを集中することができ、結果として経営効率の向上が期待できるものと認識しています。

キーワード

構造改善費用
経営資源の最適配分

【解説】

　リストラに伴う損失を「構造改善費用」として特別損失に計上する場合がある。経営効率向上のための経営資源の最適配分の観点から、リストラなど事業の整理・統廃合を実行したときに、「構造改善費用」が相当額計上されることもあり、株主から一定の説明を求められることが想定される。

株主資本等変動計算書に関する質疑応答

質疑-109　圧縮積立金、特別償却準備金の決議

　圧縮積立金という積立金が積み立てられていますが、それは何のためですか。

応答-109

　圧縮記帳という税法上の制度を適用することにより、固定資産の譲渡益が繰り延べられ、税法上の恩典を受けることができます。課税が繰り延べられるため、その分当期の税金が少なくなり、手元のキャッシュが増加するメリットが生じます。結果として株主の皆様の利益につながります。その恩典を受けるために圧縮積立金という積立金を計上する経理処理を行っています。

キーワード

圧縮積立金
特別償却準備金
税法上の恩典

【解説】
　圧縮記帳の恩典を受けるために、圧縮積立金を積み立て、法人税申告書の別

表で減算する方法により、課税所得を圧縮することができる。会社法上、当期の決算手続として積立てを行い、当該決算期の申告書別表で減算する方法として整理されている。

　なお、特別償却準備金についても、同様である。すなわち、当期の決算手続として特別償却準備金の積立てを行い、当該決算期の申告書別表で減算する方法により、税法上の恩典を受けることができる。

質疑-110　圧縮積立金（または特別償却準備金）に係る株主総会の決議の要否

　圧縮積立金（または特別償却準備金）について株主総会の決議を経ないで積み立てているが、法律手続上問題はないのですか。

応答-110

　積立金を積むことが法令によって必要とされるときは、株主総会の決議を経ないで積み立てることが認められています。圧縮積立金（または特別償却準備金）はこれに該当し、原則として法人税等の税額計算を含む決算手続として整理されており、株主総会の決議を経ないで行うことができるものとされています（会社計算規則153条2項）。法律手続上まったく問題はありません。

キーワード

圧縮積立金

特別償却準備金

法人税等の税額計算を含む決算手続

【解説】

　圧縮積立金（または特別償却準備金）の積立ておよび取崩しについては、会社法上、法人税等の税額計算を含む当期の決算手続として位置づけられており、法務省令の規定により、株主総会の決議が不要である旨が規定されている。すなわち、「法令または定款の規定により剰余金の項目に係る額の増加または減少をすべき場合」は、会社計算規則153条1項に規定する「株主総会の決議を経ないで剰余金の項目に係る額の増加または減少をすべき場合」に該当する（会社計算規則153条2項1号）。

法的根拠

会社計算規則153条2項

質疑-111　当期の配当と株主資本等変動計算書の表示

　今回の定時株主総会で、配当総額○○億円が付議されていますが、株主資本等変動計算書にはまったく異なる金額が記載されています。なぜこのように相違が生じているのですか。

応答-111

　当期の株主資本等変動計算書には、当事業年度の期首から期末までの間の純資産額の変動が記載されます。前期の期末配当は、当期に行われていますので、当期の株主資本等変動計算書に記載されます。当期の期末配当は、来期の株主資本等変動計算書に記載されます。

キーワード

株主資本等変動計算書の記載対象期間

【解説】

　株主資本等変動計算書は、当事業年度の期首から期末までの純資産の部の各項目の変動額を表示する。配当については、当事業年度の株主資本等変動計算書には、前事業年度の期末配当と当事業年度の中間配当が記載され得るわけであり、当事業年度に係る定時株主総会に付議される配当は、翌事業年度の株主資本等変動計算書に記載されることになる。

法的根拠

企業会計基準第6号「株主資本等変動計算書に関する会計基準」
企業会計基準適用指針第9号「株主資本等変動計算書に関する会計基準の適用指針」

関連事例

【質疑】株主資本等変動計算書に記載されている配当は、一体いつ決議されたものですか。

【応答】株主資本等変動計算書に記載されている配当は、前期の定時株主総会（平成○○年○月○○日開催）において決議された配当です。

質疑-112　前期の配当と株主資本等変動計算書の表示

当期の株主資本等変動計算書に表示されている「剰余金の配当」の数字は、前期の期末配当の数字と若干違っています。記載ミスではないですか。

応答-112

前期の期末配当時には、配当額の10分の１相当額の利益準備金の積立てを行っています。該当の数字は、剰余金の配当による剰余金の減少額を表示しているわけですが、配当による剰余金の減少額と準備金の積立てによる剰余金の減少額の合計額が記載されています。したがって、配当額そのものとは一致しておりません。

キーワード

準備金の積立てによる剰余金の減少額

【解説】

株主資本等変動計算書に配当の記載をするときは、変動事由として「剰余金の配当」と記載するが、「繰越利益剰余金」（または「その他資本剰余金」）の減少額を記載する。

配当に伴って準備金の積立てを行っている場合は、配当による剰余金の減少額と準備金の積立てによる剰余金の減少額の合計額を記載することになる。したがって、単純な配当額とは一致しないことがあり得る。

法的根拠

会社計算規則22条１項、２項

質疑-113　任意積立金の積立て・取崩しと株主資本等変動計算書の表示

株主総会の付議議案をみると、別途積立金の積立てを○○百万円行う旨が記載されていますが、計算書類である株主資本等変動計算書をみると何も記載されていません。対応関係がおかしいようにみえますが、いかがでしょうか。

応答-113

当期の株主資本等変動計算書には、当事業年度の期首から期末までの間の純資産額の変動が記載されます。今回ご承認をいただいた別途積立金の積立てについては、来期の株主総会に提出する株主資本等変動計算書に記載されます。したがって、当期の株主資本等変動計算書には記載されていません。

キーワード

任意積立金の積立て・取崩し

【解説】

株主資本等変動計算書は、当事業年度の期首から期末までの純資産の部の各項目の変動額を表示する。当事業年度に係る定時株主総会において決議された別途積立金の積立てについては、翌事業年度の株主資本等変動計算書に記載されることになる。

法的根拠

企業会計基準第6号「株主資本等変動計算書に関する会計基準」

企業会計基準適用指針第9号「株主資本等変動計算書に関する会計基準の適用指針」

質疑-114　その他有価証券評価差額金の変動額

株主資本等変動計算書をみると、その他有価証券評価差額金が○○億円増加しています。株式などの時価が値上りしたという意味ですか。その内訳明細を教えてください。

応答-114

株主資本等変動計算書におけるその他有価証券評価差額金の当期変動額は○○億円と記載されていますが、そのうちの増加額は○○億円、減少額は○億円です。総じてみると、時価が上昇した銘柄の数が下落した銘柄の数を大幅に上回りました。その他有価証券評価差額金の主な内訳明細は、…（具体的な内訳明細の内容を説明する）です。

キーワード

その他有価証券評価差額金の内訳明細

【解説】

株主資本等変動計算書には、評価・換算差額等またはその他の包括利益累計額の当期首残高、当期末残高およびその差額を明らかにしなければならないと規定されている。株主資本以外の各項目の変動については、主要な当期変動額について、その変動事由とともに明らかにすることもできるとされ、任意的記載事項である。ほとんどの企業では、変動額合計のみを純額で開示している。

法的根拠

会社計算規則96条8項

Ⅳ 注記表に関する質疑応答

1. 継続企業の前提に関する注記

質疑-115　継続企業の前提に関する注記をしていない場合

　当社は以前、継続企業の前提に関する注記を行っていたものと記憶していますが、計算書類をみると注記がされていません。債務超過の状態には変化がないにもかかわらず注記をしていないということはどういうことなのですか。

応答-115

　現行の会社計算規則では、継続企業の前提に重要な疑義があったとしても、当該事象または状況を解消または改善するための対応により、継続企業の前提に関する重要な不確実性がないものと判断されれば注記は必要ないものとされています。会計監査人の監査においても重要な不確実性がないものと確認を受けています。債務超過の解消に向けては、経営改善計画に基づいて鋭意努力を継続しておりますので、今しばらくのご猶予をいただくようお願いいたします。

継続企業の前提に関する注記
継続企業の前提に関する重要な不確実性

【解説】

　改正前の会社計算規則によれば、継続企業の前提に重要な疑義を生じさせる
ような事象または状況が存在している場合に注記が求められていたが、平成21
年4月20日付の会社計算規則の改正により、継続企業の前提に重要な疑義を生
じさせるような事象または状況が存在している場合であって、かつ、当該事象
または状況を解消し、または改善するための対応をしてもなお継続企業の前提
に関する重要な不確実性が認められるときに限って次の事項を注記するものと
されている（会社計算規則100条）。

①　当該事象または状況が存在する旨およびその内容
②　当該事象または状況を解消し、または改善するための対応策
③　当該重要な不確実性が認められる旨およびその理由
④　当該重要な不確実性の影響を計算書類（連結注記表にあっては、連結計算
　　書類）に反映しているか否かの別

　すなわち、継続企業の前提に重要な疑義を生じさせるような事象または状況
が存在している場合であっても、当該事象または状況を解消または改善するた
めの対応により、継続企業の前提に関する重要な不確実性がないものと判断さ
れれば注記を要さない。

　平成21年4月9日付で、企業会計審議会から「監査基準の改訂」が公表され
ている。それによれば、「平成21年3月、監査部会において、投資者により有
用な情報を提供する等との観点から検討を行い、一定の事象や状況が存在すれ
ば直ちに継続企業の前提に関する注記を要するとともに追記情報の対象と理解
される現行の規定を改め、これらの事象や状況に対する経営者の対応策等を勘
案してもなお、継続企業の前提に関する重要な不確実性がある場合に、適切な
注記がなされているかどうかを監査人が判断することとした」としている。

　また、監査人は、継続企業の前提に重要な疑義を生じさせるような事象または状況が存在すると判断した場合には、当該事象または状況に関して合理的な期間について経営者が行った評価および対応策について検討した上で、なお継続企業の前提に関する重要な不確実性が認められるか否かを確かめなければならないこととし、経営者が行った継続企業の前提に関する評価の手順を監査人においても確認するものとされている。

法的根拠

会社計算規則100条

関連事例

【質疑】当社は債務超過状態であり、このような状態が継続すると企業の継続の前提にも重要な疑義があるように思われます。計算書類に継続企業の前提に関する注記をしていないようですが、問題ないのですか。

【応答】法務省令によれば、継続企業の前提に重要な疑義が存在している場合であっても、当該事象または状況を解消または改善するための対応により、継続企業の前提に関する重要な不確実性がないものと判断されれば注記を要しないものとされています。当社の場合は、会計監査人により継続企業の前提に関する重要な不確実性がないものと判断された結果、注記をしていないものであり、問題ありません。

質疑-116　営業キャッシュ・フローの大幅なマイナス

決算短信をみると、キャッシュ・フロー計算書の営業キャッシュ・フローが大幅にマイナスになっています。継続企業の前提に重要な疑義があると思われますが、どのようにお考えですか。

応答-116

確かに営業キャッシュ・フローが大幅なマイナスとなりました。しかし、これは売上の回復に伴う必要運転資金の増加が原因であり、その必要資金については銀行からの借入により手当がされています。継続企業の前提に疑義は存在していませんし、何ら問題もありません。

キーワード

営業キャッシュ・フローの大幅なマイナス

【解説】

日本公認会計士協会の監査・保証実務委員会報告第74号「継続企業の前提に関する開示について」（最終改正・平成21年4月21日）においては、単独でまたは複合して継続企業の前提に重要な疑義を生じさせるような事象または状況として、いくつかの項目を例示している。

具体的に財務指標の悪化の傾向の例示として、売上の著しい減少、継続的な営業損失の発生や重要なマイナスの営業キャッシュ・フローの計上、債務超過を挙げている。

また、財務活動関係の例示として、営業債務の返済の困難性、借入金の返済条項の不履行または履行の困難性、社債等の償還の困難性、新たな資金調達の困難性、債務免除の要請、売却を予定している重要な資産の処分の困難性、配

当優先株式に対する配当の遅延または中止、営業活動関係の例示として、主要な仕入先からの与信または取引継続の拒絶、重要な市場または得意先の喪失、事業活動に不可欠な重要な権利の失効、事業活動に不可欠な人材の流出、事業活動に不可欠な重要な資産の毀損、喪失または処分、法令に基づく重要な事業の制約を挙げている。そのほか、巨額な損害賠償金の負担の可能性、ブランド・イメージの著しい悪化も該当し得るものとされている。

　「重要なマイナスの営業キャッシュ・フローの計上」も例示の1つであるが、一時的な要因によるものであって解消が見込まれる場合は、継続企業の前提に重要な疑義があるとは判断されないものと考えられる。また、仮に継続企業の前提に重要な疑義を生じさせるような事象または状況が存在している場合であっても、当該事象または状況を解消または改善するための対応により、継続企業の前提に関する重要な不確実性がないものと判断されれば、注記は必要ない。

法的根拠

会社計算規則100条
監査・保証実務委員会報告第74号「継続企業の前提に関する開示について」

質疑-117 継続企業の前提に関する注記をしている場合

当社の計算書類には、継続企業の前提に関する注記が行われています。継続企業の前提に関する重要な疑義を生じさせるような事象または状況が存在していて、かつ、当該事象または状況を解消し、または改善するための対応をしてもなお継続企業の前提に関する重要な不確実性が認められるということになりますが、経営陣としてこの事態をどのように受け止め、今後の改善策をどのように考えているのですか。

応答-117

当社は、債務超過の解消に向けての経営改善計画を策定し、その計画に沿って懸命に取り組んでいるところですが、残念ながら会計監査人から、なお継続企業の前提に関する重要な不確実性が認められるとの判断をいただきました。この事態を重く受け止め、経営改善計画の抜本的な見直しに取り組んでいるところでございます。銀行からの支援なども含め、抜本的かつ現実的な解消策を模索しているところでございます。見直し後の抜本的な経営改善計画により、改善がなされるものと確信していますので、今しばらくのご猶予をいただくようお願いいたします。

キーワード

継続企業の前提に関する重要な不確実性

【解説】

継続企業の前提に関する注記をしているということは、継続企業の前提に重要な疑義を生じさせるような事象または状況が存在していて、かつ、当該事象または状況を解消し、または改善するための対応をしてもなお継続企業の前提

に関する重要な不確実性が認められるという判断が会計監査人によりなされたことを意味する。

　経営者としては、継続企業の前提に重要な疑義を生じさせるような事象または状況の解消に向けての経営改善計画の抜本的な見直しに取り組むことにより、そのような不確実性が解消されるように努める必要がある。

法的根拠

会社計算規則100条

質疑-118　デット・エクイティ・スワップ（債務の資本化）と財務体質の改善

　当社は債務超過であったが、債権者の同意に基づくデット・エクイティ・スワップ（債務の資本化）により、債務超過の解消を図ったものと認識しています。このような債務から資本金への組替えにより、結果として債務超過の解消が実現できたとしても、それは経営陣の努力によるものではありません。資金の流入があったわけでもなく、業績の改善効果が生じたわけでもありません。経営実態が実質的に変わっていないのであるから、継続企業の前提に関する注記をしていないということ自体が問題ではありませんか。

応答-118

　デット・エクイティ・スワップ（債務の資本化）による財務体質の改善は、適法であり、まったく問題ないものと考えています。金銭債権の現物出資を受けたことにより、財務体質が改善したものと判断できます。債務超過が実際に解消したことから、継続企業の前提に重要な疑義はなくなっ

> たものと認識し、会計監査人からも問題はないとの判断を受けています。

キーワード

デット・エクイティ・スワップ（債務の資本化）

【解説】

　デット・エクイティ・スワップ（債務の資本化）については、債権を現物出資する方法によるのが一般的である。券面額説による処理が主流になっているが、その処理によった場合には、債権の額面金額と同額の資本金（または資本金および資本準備金）の増加が生じる。企業再建の場面において広く用いられている財務体質改善策である。財務体質の改善効果が実際に発生することからすれば、他に継続企業の前提に重要な疑義を抱かせる事象または状況が認められなければ、継続企業の前提に関する重要な疑義が解消したととらえることができる。

２．重要な会計方針に係る事項に関する注記

質疑-**119**　数理計算上の差異の償却

退職給付引当金の注記をみると、数理計算上の差異については、その発生時の従業員の平均残存勤務期間以内の一定の年数（○○年）による定額法により、発生年度の翌期から費用処理することとしている旨が記載されています。数理計算上の差異は、国際会計基準では一括してその期に認識するようですが、数理計算上の差異の発生時に認識しないで、このような長い年数で償却するのは、財務の健全性の点で問題があるのではないですか。

応答-**119**

退職給付会計基準によれば、従業員の平均残存勤務期間以内の一定の年数により費用処理するものとされています。会計基準に基づいて、一定の年数により償却していきますので、財務の健全性の点において問題はありません。日本の退職給付会計基準が一定の年数による償却を定めているのは、数理計算上の差異には予測と実績との乖離だけではなく、予測数値の修正も反映されることから、各期に生じる差異をただちに費用として計上することが、退職給付に係る債務の状態を忠実に表現するとはいえないと考えられるためであるとされています。会計基準に準拠した処理であり、会計監査人からも適切であるとの判断をいただいています。

数理計算上の差異

遅延認識

即時認識

【解説】

　数理計算上の差異とは、年金資産の期待運用収益と実際の運用成果との差異、退職給付債務の数理計算に用いた見積数値と実績との差異および見積数値の変更などにより発生した差異のことをいう。現行の退職給付会計基準では、「遅延認識」といい、数理計算上の差異の発生時に財務諸表上認識しないで、その発生時の従業員の平均残存勤務期間以内の一定の年数（○○年）による償却を行うことが定められている。

　平成24年5月17日付の退職給付に係る会計基準の改正では、連結財務諸表上、数理計算上の差異については、その他の包括利益に計上するものとしており、その場合は貸借対照表にもダイレクトに反映されることになる（即時認識）。また、数理計算上の差異のうち、当期に費用処理された部分については、その他の包括利益の調整（組替調整）を行うものとされている。

　改正後の退職給付会計基準においては、数理計算上の差異は、原則として各期の発生額について、従業員の平均残存勤務期間以内の一定の年数で按分した額を毎期費用処理するとされており、その点は改正前と変わらない。しかし、数理計算上の差異の当期発生額のうち費用処理されない部分は、改正前であれば「未認識数理計算上の差異」として翌期以降に繰り越される形（＝単なる注記事項）になっていたが、改正後は数理計算上の差異は発生時にその他の包括利益に計上（同時に貸借対照表に反映）するものとされている。なお、個別財務諸表については従来どおりである。

　退職給付会計基準において一定の年数による費用処理が認められているため、上記のような応答で問題ない。

法的根拠

退職給付に関する会計基準

質疑-120　関係会社投資損失引当金

計算書類の注記をみると、関係会社に対する投資により発生の見込まれる損失に備えるため、「関係会社投資損失引当金」を計上している旨が記述されています。関係会社に対する投資について損失の発生が見込まれるということであり、関係会社に対する投資の判断について見込違いがあったという意味ですか。具体的にどこに対する投資なのか、その状況等を詳しく説明してください。

応答-120

関係会社○○株式会社に対する投資については、投資した当時は技術力および事業の有望性について一定の評価がされており、投資の判断に問題があったわけではありません。しかし、事業環境の急激な悪化を受けて、資産内容等が悪化したため、関係会社投資損失引当金を計上したものです。事業は継続して行っており、親会社である当社の指導のもと、業績の立て直し、財務体質の健全化に向けて…（具体的に）鋭意努力しておりますので、ご心配には及びません。

キーワード

関係会社投資損失引当金

【解説】

関係会社に対する投資により発生の見込まれる損失については、発生の可能

性が高く、かつ、金額の合理的な見積りができる場合には、「関係会社投資損失引当金」を計上することが考えられる。投資を行った当初の事業環境が大きく変化した点、業績の立て直しに向けて努力をしている点など、株主の納得が得られるような説明が必要であると考えられる。

関連事例

【質疑】関係会社に対する投資により発生の見込まれる損失に備えるために「関係会社投資損失引当金」を計上しているということは、損失の発生を予定して引当金を設定しているということになり、業績や財政状態の改善に向けての努力を放棄したことを意味しているのではないですか。

【応答】関係会社〇〇株式会社の資産内容等の悪化を受けて投資に係る損失の見込額を計上したものですが、親会社である当社の指導のもと、業績の立て直し、財政状態の改善に向けて経営計画の見直しなどを行っております。業績や財政状態の改善に向けての努力を放棄したわけではありません。

質疑-121　減価償却方法

有形固定資産の減価償却方法が定額法となっています。平成19年度の税制改正により、減価償却方法が改正され、早期償却の点において定率法が有利になっているはずです。定率法を採用しないのはなぜですか。

応答-121

当社の減価償却資産は、特に投資期間の前半に収益の獲得に貢献するというものではなく、耐用年数にわたって平均的に効用を発揮する実態になっています。また、陳腐化リスクも少ないものと認識しています。したがって、投資期間の前半により多くの回収を要するということはありませんので、その経済的実態に合わせて定額法を適用し、それを継続しています。その結果、当社の損益計算書は経営成績を適正に反映しているものと認識しております。

キーワード

定額法
定率法

【解説】

平成19年度の税制改正により、減価償却限度額の算定方法に係る改正が行われた。残存価額ゼロとして計算を行い、償却可能限度額も改正前は取得価額の95％とされていたものが、1円の備忘価額を除いた残額とされた。また、改正後の定率法は、250％定率法と呼ばれ、定額法の償却率の2.5倍と高い償却率が設定されている（なお、平成23年度税制改正により、250％定率法は200％定率法に見直された。この改正により、償却のカーブが多少緩やかになった）。定率法によ

れば、早期償却（耐用年数の前半でより多くの償却）が可能ではある。

　しかし、減価償却方法は、その企業の投資と回収の実態に合わせて定められるべきものであり、その減価償却資産の収益への貢献の実態が耐用年数にわたって平均的である場合には、むしろ定額法を採用したほうが、経営成績および財政状態を適正に表示することになる。減価償却方法は重要な会計方針の1つであり、継続性が求められるものであり、経済的実態に合わせて定められたものは、その実態が変わらない限り、継続適用されることになる。

関連事例

【質疑】減価償却方法として、定率法を採用している理由を説明してください。

【応答】当社の減価償却資産は、投資期間の前半に収益の獲得に貢献する実態になっています。投資期間の前半により多くの回収を要することから、その経済的実態に合わせて定率法を適用しており、会計方針として継続適用しております。

質疑–122　有価証券の時価の算定方法

　市場価格のある有価証券の時価評価について、期末日前の1か月間の平均相場を用いているようです。本来であれば、期末の評価ですから、期末日の時価そのものを用いて評価するのが原則ではないですか。評価損を少なくするために恣意的な処理をしているのではないですか。

応答–122

　その他有価証券については、長期間保有するものが少なくありません。時価評価については、時価の短期間での変動による異常な影響を排除するために、期末日前1か月間の平均相場を用いて評価を行っています。「金融商品に関する会計基準」においても、継続適用を条件として認められていますので、問題はありません。恣意的な処理ではないと認識しております。

キーワード

時価の短時間での変動による異常な影響の排除

【解説】

　「金融商品に関する会計基準」の注7は、「その他有価証券の決算時の時価は、原則として、期末日の市場価格に基づいて算定された価額とする」とし、また一方において「ただし、継続して適用することを条件として、期末前1か月の市場価格の平均に基づいて算定された価額を用いることもできる」としている。時価の短期的な変動による影響を排除する趣旨から、このような例外的な取扱いが認められている。

　なお、「期末前1か月の市場価格の平均」とは、原則として期末日以前1か

月の各日の終値または気配値の単純平均値とする。なお、当該方法の適用は、株式、債券等の有価証券の種類ごとに行うことが認められるが、毎期継続して適用することが要件である。

　なお、令和元年7月4日付で企業会計基準委員会から公表された「時価の算定に関する会計基準」において時価の定義の見直しが行われた。時価の定義の変更に伴い、「金融商品に関する会計基準」におけるその他有価証券の期末の貸借対照表価額に期末前1か月の市場価格の平均に基づいて算定された価額を用いることができる定めについては、その平均価額が改正された時価の定義を満たさないことから削除されている。ただし、その他有価証券の減損を行うか否かの判断については、期末前1か月の市場価格の平均に基づいて算定された価額を用いることができる取扱いは存続するものとされている。なお、この場合であっても、減損損失の算定には期末日の時価を用いることとなる。

　「時価の算定に関する会計基準」は、令和3年4月1日以後開始する連結会計年度および事業年度の期首から適用される（早期適用を認める取扱いあり）。

法的根拠

「金融商品に関する会計基準」注7

3．貸借対照表に関する注記

質疑-123　担保資産のリスク

> 　土地などの不動産○億円が、関係会社借入金に対して担保提供されているようです。関係会社が倒産した場合、これらの担保は処分されることになりますが、そのリスクは決して小さいとはいえないと思われます。その点をどのように考えているのですか。

応答-123

> 　5年前に関係会社○○株式会社の設備投資資金の借入にあたって担保提供を行ったものです。同社の事業は順調に計画どおり進行しており、同社の銀行借入金もまったく問題なく返済が行われています。同社の経営状況については、十分把握がされており、リスクはないものと判断しています。

キーワード

関係会社借入金に対する担保提供

【解説】

　資産が担保に供されている場合には、資産が担保に供されていること、担保資産の内容およびその金額、担保に係る債務の金額を注記しなければならない（会社計算規則103条1号）。どのような資産が担保に供されているかは、その企業の財政状態を理解する上で重要であるばかりでなく、一般債権者にとっては、担保資産以外の資産が引当となることから、担保資産の注記には関心が持たれる場合が多い。

　関係会社を通じた事業投資を行う場合に、その必要資金を関係会社のみでは調達できないケースが生じ得るが、資金調達の支援の一環から、担保提供を行う場合がある。銀行からの借入金を関係会社に転貸する方法により資金調達を支援する場合もあるが、当該関係会社が倒産したときのリスクは実質同様とみることができる。

　関係会社に対してそのような支援を行う場合は、関係会社の事業計画を厳密に見極めるだけではなく、その後の経営状況についても十分な把握を行うことが必要であることはいうまでもない。

法的根拠

会社計算規則103条1号

質疑-124　担保資産と債務の関係

　担保資産の注記をみても、担保資産と債務の関係が明らかになっていません。本来であれば、どの資産がどの債務の担保に供されているかを明らかにしないと、十分な開示とはいえないと思います。担保資産と債務の関係を説明してください。

応答-124

　担保資産の注記は、自由に処分できない資産を開示することにその趣旨があり、規則上も担保に係る債務との対応関係まで開示することは求められていません。現在の記載内容で十分であると認識しています。担保資産と債務の対応関係については、手元に詳細な資料もなく、また、株主総会において説明すべき範囲を超えていると思われますので、説明はご容赦ください。

キーワード

担保資産と担保に係る債務との対応関係（紐付き関係）

【解説】

　法務省令では、資産が担保に供されている場合には、資産が担保に供されていること、担保資産の内容およびその金額、担保に係る債務の金額を注記しなければならないと規定されている（会社計算規則103条１号）。担保資産と担保に係る債務との紐付き関係までを示すことは求められていない。

　担保資産の注記は、自由に処分することができない資産を明らかにすることにより、その企業の財政状態を示すことにその趣旨がある。また、資産が複数の債務の担保に供されている場合もあり得るため、担保資産と担保に係る債務との紐付き関係までを示すことが困難な場合もあり得る。会社計算規則が規定している事項を注記すれば問題はない。また、株主総会において特に説明する必要はないと考えられる。

法的根拠

会社計算規則103条１号

関連事例

【質疑】担保資産の注記において、現預金および土地が担保に供されているとのことですが、土地は長期借入金に対して担保提供されているのか、注記からその関係が読み取れません。

【応答】注記は法務省令の規定に基づき適正に行われていますが、補足して説明しますと、土地は長期の設備資金借入の担保に供されているものです。

質疑-125　担保資産の金額と債務の金額の関係

担保に供されている資産の金額が、担保に係る債務の金額を大きく上回っています。債務の金額に見合った資産を担保提供すれば足りるはずであり、担保の入替えなどを怠っているのではないですか。

応答-125

担保資産の注記は、担保資産の帳簿価額を記載するルールになっており、一方において担保に係る債務の金額は返済により減少していきます。注記だけをみると、担保資産の金額が債務の金額を大きく上回っていますが、実質的には債務の金額までしか担保していません。また、債務が減少したことに伴い、担保の入替えをすることも検討の余地はありますが、銀行が容易に同意しないという問題もあり、現状では入替えは行えていない状況であります。

キーワード

担保資産の金額と担保に係る債務の金額との関係

【解説】

資産が担保に供されている場合には、資産が担保に供されていること、担保資産の内容およびその金額、担保に係る債務の金額を注記しなければならないと規定されているが（会社計算規則103条1号）、「担保資産の内容およびその金額」の「金額」は、貸借対照表に表示されている資産のうち、自由に処分できないもの（事実上拘束されているもの）を明らかにするという趣旨であることから、時価相当額ではなく、帳簿価額とされている。担保資産の金額は債務が減少してもそれに従って減少するわけではなく、担保資産の金額と債務の金額が

一見バランスしていないように見える。

　また、債務が減少したことに伴い、担保の入替えを行い、自由に処分できる資産を大きくすることも検討の余地はある。その努力はしていたとしても、相手の同意が得られないと入替えができない。

法的根拠

会社計算規則103条1号

質疑-126　担保予約について

　担保資産の注記をみると、担保予約のものが記載されています。担保予約ということは、正式な担保ではありません。このようなものまで注記することは、誤解を招く原因となり得るものであり、注記の必要はないと思われます。

応答-126

　当社の担保予約については、必要に応じて担保の差入れを行う旨の条項が契約書に付されており、いつでも担保権として登記が可能です。経済的実態から、担保権に準じたものであると考えられることから、注記を行っています。

キーワード

担保予約

【解説】

　担保予約は、最近の実務では多く活用されている。経済的実態からみて担保

権に準じた経済的実質を有するものについては、開示をする必要があると考えられる。

　特に、担保予約については、必要に応じて担保の差入れを行う旨の条項が付されているケースがあり、法的に担保権とはいえないものであっても、いつでも担保権として登記が可能である状態であれば、経済的実態を重視して開示をする必要があると考えられる。開示を行った上で、担保予約である旨の脚注を行うことが開示の趣旨にかなうものと考えられる。

法的根拠

会社計算規則103条1号

質疑-**127**　保証債務の注記と引当金の関係

　保証債務の注記をしている一方で、債務保証損失引当金を計上しています。注記で済ますのか、引当金まで計上して決算に反映するのかでは、財務数値に大きな違いが生じる可能性がありますが、どのような判断基準で対応しているのですか。

応答-**127**

　保証債務の履行に伴う損失の発生の可能性が高く、かつ、金額の見積りが可能な場合には、引当金の計上要件を満たすことになるため、債務保証損失引当金を計上します。それ以外の場合、すなわち、損失の発生の可能性が高いが金額の見積りが不可能な場合、損失の発生がある程度予想される場合、および損失の発生の可能性が低い場合には、一定の注記を行うことになります。

キーワード

債務保証損失引当金

【解説】

　保証債務については、注記の対象となる場合と、引当金計上の対象となる場合があり、その点については、監査・保証実務委員会実務指針第61号「債務保証及び保証類似行為の会計処理及び表示に関する監査上の取扱い」が参考になる。

　保証債務、手形遡求債務、重要な係争事件に係る損害賠償義務その他これらに準ずる債務（負債の部に計上したものを除く）があるときは、当該債務の内容および金額を注記しなければならない（会社計算規則103条5号）。これらは、いわゆる「偶発債務」と呼ばれるものであり、債務として確定していないが、将来において損失負担が生ずる可能性があるものについて、貸借対照表に関する注記として開示する必要がある。

　一方、主たる債務者の財政状態の悪化等により、債務不履行となる可能性があり、その結果、保証人が保証債務を履行し、その履行に伴う求償債権が回収不能となる可能性が高い場合で、かつ、これによって生ずる損失額を合理的に見積もることができる場合には、保証人は、当期の負担に属する金額を債務保証損失引当金に計上する必要がある。

　具体的には、主たる債務者が、法的、形式的な経営破綻の状態にある場合のほか、法的、形式的な経営破綻の事実は発生していないものの深刻な経営難の状態にあり、再建の見通しがない状況にあると認められるなど、実質的に経営破綻に陥っている場合、および経営破綻の状況にはないが経営難の状態にあり、経営改善計画等の進捗状況が芳しくなく、今後、経営破綻に陥る可能性が高いと認められる場合には、債務保証損失引当金の計上対象となる。

　保証債務の履行に伴う損失の発生の可能性は、①高い場合、②ある程度予想される場合、③低い場合があり、また、それぞれ金額の見積りが可能な場合と不可能な場合とがある。

損失発生の可能性と見積りの可否による取扱いの相違

損失の発生の可能性の程度	損失金額の見積りが可能な場合	損失金額の見積りが不可能な場合
高い場合	●債務保証損失引当金を計上する	●債務保証の金額を注記する ●損失の発生の可能性が高いが損失金額の見積りが不可能である旨、その理由および主たる債務者の財政状態等を追加情報として注記する⁽注⁾
ある程度予想される場合	●債務保証の金額を注記する ●損失発生の可能性がある程度予想される旨および主たる債務者の財政状態等を追加情報として注記する	●債務保証の金額を注記する ●損失発生の可能性がある程度予想される旨および主たる債務者の財政状態等を追加情報として注記する
低い場合	●債務保証の金額を注記する	●債務保証の金額を注記する

（注）　損失の発生の可能性が高く、かつ、その損失金額の見積りが不可能な場合は、通常極めて限られたケースと考えられる。

　保証債務の履行に伴う損失の発生の可能性が高く、かつ、金額の見積りが可能な場合には、債務保証損失引当金を計上しなければならない。一方、損失の発生の可能性が高いが金額の見積りが不可能な場合、および損失の発生がある程度予想される場合には、その旨、主たる債務者の財政状態（大幅な債務超過等）、主たる債務者と保証人との関係内容（出資関係、役員の派遣、資金援助、営業上の取引等）、主たる債務者の債務履行についての今後の見通し等、その状況を適切に説明するために必要な事項を追加情報として注記する。なお、損失の発生の可能性が高いが金額の見積りが不可能な場合には、これらの注記に加えて、金額の見積りが不可能な理由を注記する必要がある。

　上述の保証債務の履行に伴う損失の発生の可能性の程度と債務保証損失引当金および追加情報との関係をまとめると、上表のようになる。

　したがって、主たる債務者が経営破綻または実質的な経営破綻に陥っている

ような場合には、必要額を債務保証損失引当金に計上することになる。

　注記の対象なのか、引当金計上の対象となるかは、個々の事例ごとに適切に判断をすることになるが、会計監査人の監査によるチェックもされることになる。

　なお、規則上は、「当該債務の内容および金額」を記載するものと規定されていることから（会社計算規則103条 5 号）、損失発生の可能性が低い場合には、保証先および被保証債務の内容を簡潔に記載するのが一般的である。

法的根拠

会社計算規則103条 5 号

監査・保証実務委員会実務指針第61号「債務保証及び保証類似行為の会計処理及び表示に関する監査上の取扱い」

関連事例

【質疑】債務保証損失引当金を計上している保証先については、保証債務の注記から除かれているのですか。

【応答】債務保証損失引当金を計上しているものについては、計算書類に反映されていますので、注記は必要ないものとされています。保証債務の注記からは除かれています。

質疑-128　保証先の内訳

保証債務の注記をみると、主要な保証先ごとの保証金額が示されてはいるが、最後は一括して「その他」で記載しています。これではすべてを開示していることにならないし、都合が悪い保証先については「その他」に含めて記載するような恣意性が働く可能性もあります。「その他」として記載しているものがどのような保証先なのか、その内訳を教えてください。

応答-128

保証債務の注記については、その内容および金額を示す必要がありますが、主要な保証先についてはその企業名と金額を開示しており、重要性の乏しいものについては「その他」で一括して注記しています。重要性の乏しいものについて一括記載することは問題ありません。なお、その他の内訳については、○○株式会社に対する保証を除いて小口のもののみで、手元に資料もございませんので、ご容赦ください。

キーワード

保証先の内訳

【解説】

保証債務、手形遡求債務、重要な係争事件に係る損害賠償義務その他これらに準ずる債務（負債の部に計上したものを除く）があるときは、当該債務の内容および金額を注記するものと規定されている（会社計算規則103条5号）。当該債務の内容としては、保証先および被保証債務の内容が考えられるが、重要性の乏しいものについては、特に保証先を示さず一括して記載することは差し支えないと解される。

法的根拠

会社計算規則103条5号

質疑-129　保証債務に係るリスク管理方針

　保証債務の残高が○○億円もあります。保証先の経営破綻に伴い、多額の損失が生じるリスクがあると思われますが、どのような管理方針で臨んでいるのですか。

応答-129

　保証債務につきましては、一定の管理を行う担当者を明確にし、また、取締役会の承認事項であり、個別案件ごとに当社との関係およびその必要性、保証先の経営状況および財務内容、返済能力などを考慮し、最終的な判断を行っています。基本的にリスクが一定程度あると判断される先については、保証しない方針で対応しております。また、保証先に対しては、その経営状況および財務内容などを随時把握できるように管理を行っています。

キーワード

保証債務に係るリスク管理方針

【解説】

　保証取引は、経営判断事項の1つである。重要な保証債務は、会社法362条4項2号に規定する「多額の借財」に含まれると解されており、取締役会の承認事項となる。取締役会において承認を行うかどうかについては、個別案件ごとにその必要性、リスクの程度などを総合的に勘案した上で決定されることに

なる。

法的根拠

会社法362条4項2号

質疑-130　関係会社に対する金銭債権または金銭債務

> 　関係会社に対する金銭債権と金銭債務が、総額で注記されています。本来、関係会社ごとの内訳がわからないと、当社にとってのリスクなども把握できません。関係会社名とその金額内訳を教えてください。

応答-130

> 　関係会社に対する金銭債権または金銭債務の内訳ですが主に○○株式会社、○○株式会社および○○株式会社に対する売掛債権が中心であります。
> 　なお、関連当事者との取引に関する注記（招集通知の添付書類○○ページ）において、関係会社ごとの取引金額および期末の債権・債務の残高が注記されていますので、そちらをご参考としてください。

キーワード

関係会社に対する金銭債権または金銭債務
関連当事者との取引に関する注記

【解説】

　関係会社に対する金銭債権または金銭債務については、貸借対照表において区分表示していない場合には、当該関係会社に対する金銭債権または金銭債務が属する項目（科目）ごとの金額または2以上の項目（科目）について一括し

241

た金額を注記するものと規定されている（会社計算規則103条6号）。

　一方、関連当事者との取引に関する注記では、関係会社をはじめとする関連当事者との取引金額、債権・債務の残高などが関連当事者ごとに開示される（会社計算規則112条）。

　会社と関係会社との間には、支配従属関係が認められることから、不公正な取引条件による取引がされる危険性がある。関係会社に対する金銭債権または金銭債務の注記は、金額の総額を開示すれば十分であるが、関連当事者との取引に関する注記において、関係会社を含む関連当事者との取引について、関連当事者ごとの詳細な開示が求められることになる。

法的根拠

会社計算規則103条6号、112条

質疑-131　取締役、監査役および執行役に対する金銭債権・金銭債務の金額

　関連当事者との取引に関する注記をみると、当社の取締役が子会社を代表して取引を行っている利益相反取引の内容が開示されています。しかし、取締役との取引による取締役に対する金銭債権の注記は、まったくなされていません。注記が漏れているのではないですか。

応答-131

　取締役、監査役および執行役との間の取引による取締役、監査役および執行役に対する金銭債権・金銭債務の金額の注記は、取締役等との取引によって発生した取締役等に対する金銭債権・金銭債務が対象であり、取締役等が第三者を代表して行う取引によって発生した会社の第三者に対する

金銭債権・金銭債務は対象外です。したがって、注記が漏れているわけではありません。

取締役、監査役および執行役との間の取引による取締役、監査役および執行役に対する金銭債権・金銭債務の金額
自己のためにする取引、第三者のためにする取引
関連当事者との取引に関する注記

【解説】

　取締役、監査役および執行役との間の取引による取締役、監査役および執行役に対する金銭債権があるときは、その総額を注記しなければならない（会社計算規則103条7号）。また、取締役、監査役および執行役との間の取引による取締役、監査役および執行役に対する金銭債務があるときは、その総額を注記しなければならない（会社計算規則103条8号）。

　注記が必要となるのは、会社と取締役等との間の取引により会社が取得した「取締役等に対する金銭債権・債務」である。したがって、「自己のため」にする直接取引によって発生した「取締役に対する金銭債権・債務」が対象であって、「第三者のため」、すなわち取締役が第三者を代理もしくは代表して行う取引により会社が取得した「第三者に対する金銭債権・債務」は注記対象とはならない。

　なお、会社の利益を損うおそれのない取引、たとえば運送・保険・預金など普通約款契約に基づく定型的な取引については、この規定の趣旨から考えて注記の対象外であると考えられる。同様の趣旨から、会社の製品・商品を通常の価格で購入するようなケースも注記する必要はないと解される。

利益相反取引の分類

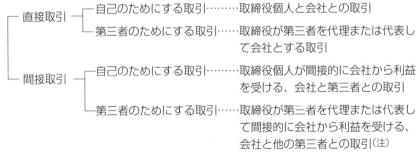

（注）　取締役が代理または代表する第三者と、会社と取引する第三者は別人または
　　　　別会社である。

法的根拠

会社計算規則103条7号、8号

質疑-132　親会社株式の注記

　親会社株式の金額が注記されています。会社法上、親会社株式の取得および保有は禁じられていたと思いますが、これは法律違反ではないですか。

応答-132

　親会社株式の取得は原則として禁止されていますが、例外事由に該当する場合は例外として許されています。当期において、○○株式会社の事業の全部を譲り受けるに際して、同社の保有していた株式の中に当社の親会社株式が含まれていた結果によるものであり、例外事由に該当するため、適法でございます。

キーワード

親会社株式

【解説】

　会社法上、親会社株式の取得および保有は、原則として禁止されているが、「例外事由」に該当する場合は取得することが認められ、相当の時期に処分しなければならないと規定されている（会社法135条１項から３項）。親会社株式の取得は例外的に認められることから、決算日現在保有している親会社株式の金額を、各表示区分別に注記すべきものとされている（会社計算規則103条９号）。

　会社計算規則では、貸借対照表の区分表示が親会社単位でされるのではなく、親会社を含めた関係会社単位でされるため、注記により親会社株式の金額を開示させる趣旨である。

　「例外事由」とは、次のとおりである（会社法135条２項、会社法施行規則23条）。

① 他の会社（外国会社を含む）の事業の全部を譲り受ける場合において当該他の会社の有する親会社株式を譲り受ける場合

② 合併後消滅する会社から親会社株式を承継する場合

③ 吸収分割により他の会社から親会社株式を承継する場合

④ 新設分割により他の会社から親会社株式を承継する場合

⑤ 吸収分割（会社法以外の法令（外国の法令を含む。以下同じ）に基づく吸収分割に相当する行為を含む）に際して親会社株式の割当てを受ける場合

⑥ 株式交換（会社法以外の法令に基づく株式交換に相当する行為を含む）に際してその有する自己の株式（持分その他これに準ずるものを含む。以下同じ）と引換えに親会社株式の割当てを受ける場合

⑦ 株式移転（会社法以外の法令に基づく株式移転に相当する行為を含む）に際してその有する自己の株式と引換えに親会社株式の割当てを受ける場合

⑧ 親会社株式を無償で取得する場合

⑨ その有する他の法人等の株式につき当該他の法人等が行う剰余金の配当または残余財産の分配（これらに相当する行為を含む）により親会社株式の

　　交付を受ける場合

⑩　その有する他の法人等の株式につき当該他の法人等が行う次に掲げる行
　　為に際して当該株式と引換えに当該親会社株式の交付を受ける場合

　　イ　組織の変更

　　ロ　合併

　　ハ　株式交換（会社法以外の法令に基づく株式交換に相当する行為を含む）

　　ニ　株式移転（会社法以外の法令に基づく株式移転に相当する行為を含む）

　　ホ　取得条項付株式（これに相当する株式を含む）の取得

　　ヘ　全部取得条項付種類株式（これに相当する株式を含む）の取得

⑪　その有する他の法人等の新株予約権等を当該他の法人等が当該新株予約
　　権等の定めに基づき取得することと引換えに親会社株式の交付をする場合
　　において、当該親会社株式の交付を受けるとき

⑫　会社法135条 1 項の子会社である者（会社を除く）が行う次に掲げる行為
　　に際して当該者がその対価として親会社株式を交付するために、その対価
　　として交付すべき当該親会社株式の総数を超えない範囲において当該親会
　　社株式を取得する場合

　　イ　組織の変更

　　ロ　合併

　　ハ　会社法以外の法令に基づく吸収分割に相当する行為による他の法人等
　　　　がその事業に関して有する権利義務の全部または一部の承継

　　ニ　会社法以外の法令に基づく株式交換に相当する行為による他の法人等
　　　　が発行している株式の全部の取得

⑬　他の法人等（会社および外国会社を除く）の事業の全部を譲り受ける場合
　　において、当該他の法人等の有する親会社株式を譲り受けるとき

⑭　合併後消滅する法人等（会社を除く）から親会社株式を承継する場合

⑮　吸収分割または新設分割に相当する行為により他の法人等（会社を除く）
　　から親会社株式を承継する場合

⑯　親会社株式を発行している株式会社（連結配当規制適用会社に限る）の他

の子会社から当該親会社株式を譲り受ける場合

⑰　その権利の実行に当たり目的を達成するために親会社株式を取得することが必要かつ不可欠である場合（前各号に掲げる場合を除く）

法的根拠

会社法135条

会社法施行規則23条

会社計算規則103条9号

4．損益計算書に関する注記

質疑-133　関係会社との取引高の注記

　関係会社との営業取引による取引高の総額と、営業取引以外の取引による取引高の総額が注記されています。関係会社別の内訳が明らかではありませんが、これでは不十分ではないですか。内訳を教えてください。

応答-133

　関係会社との取引による取引高の注記については、関係会社ごとの金額を注記することは、法令上要求されていませんが、主に○○株式会社、○○株式会社に対する売上および○○株式会社に対する仕入に係る取引が中心です。

　なお、関連当事者との取引に関する注記（招集通知の添付書類○○ページ）において、関係会社ごとの取引金額および期末の債権・債務の残高が注記されていますので、そちらをご参考としてください。

キーワード

関係会社との取引高の注記
関連当事者との取引に関する注記

【解説】

　損益計算書に関する注記は、関係会社との営業取引による取引高の総額および営業取引以外の取引による取引高の総額を注記しなければならない（会社計算規則104条）。あくまでも取引高の総額を、営業取引と営業取引以外の取引に

分けて注記すべきものと規定されている。

　一方、関連当事者との取引に関する注記では、関係会社をはじめとする関連当事者との取引金額、債権・債務の残高などが関連当事者ごとに開示される。

　会社と関係会社との間には、支配従属関係が認められることから、不公正な取引条件による取引がされる危険性がある。関係会社との取引に関する注記は、営業取引と営業取引以外の取引に分けて取引高の総額を開示すれば十分であるが、関連当事者との取引に関する注記において、関係会社を含む関連当事者との取引について、関連当事者ごとの詳細な開示が求められることになる。

質疑-134　関係会社との間の取引の内容

　関係会社との取引高が注記されていますが、どのような取引が行われているのですか。主な内容を教えてください。

応答-134

　関係会社との取引のうち主なものは、当社製品の販売子会社への売上や原材料の購入です。営業上必要なものであり、かつ、有益なものであります。なお、関係会社ごとの取引内容については、関連当事者との取引に関する注記（招集通知の添付書類○○ページ）をご参照ください。

キーワード

関係会社との間の取引の内容

【解説】

　関係会社との間の取引のうち、その主な内容を問う質問であるが、主な取引内容を説明すれば足りる。ただし、特定の子会社との取引などを突っ込んで質

問してくるケースもあるので、関係会社ごとの取引内容については一応把握し
ておく必要があると考えられる。

法的根拠

会社計算規則104条

5．株主資本等変動計算書に関する注記

質疑-135　自己株式の数

株主資本等変動計算書に関する注記をみると、自己株式を期末に○万株保有していることが示されています。大量の自己株式を所有している状態であることが確認できますが、今後どのように使う予定なのですか。

応答-135

現在保有している自己株式は、将来の合併、分割などの組織再編行為に備えて保有しているものであり、何らかの処分を想定しています。また、時宜に応じて消却することも別途検討致しますが、今後の処理方法については、これを決定した時点で公表いたします。この場における説明は差し控えさせていただきます。

キーワード

自己株式の処分

【解説】

自己株式は、合併、会社分割、株式交換などの組織再編行為の対価として用いるか、または、使用見込みがない場合に取締役会決議に基づき消却を行うこともある。保有期間に係る制限は特になく、現時点において処理方法を定めておかなければならないというものでもない。

なお、自己株式の処分（会社法199条1項）は、金融商品取引法の「重要事実」に該当することに留意が必要である。株主総会の場で初めて公表すべきではな

く、決定次第公表する必要がある。

金融商品取引法166条2項1号イ

会社法199条1項

質疑-136　剰余金の配当に関する事項

　株主資本等変動計算書に関する注記の「剰余金の配当に関する事項」に、今回の定時株主総会で決議を行う予定の配当が記載されています。このような株主総会での決議が行われていない段階では、内容自体が確定していないし、そもそも予定形で注記をする必要がないように思われますが、なぜ注記しているのですか。

応答-136

　法務省令では、当該事業年度の末日後に行う剰余金の配当のうち、基準日が当該事業年度中のものについても、剰余金の配当に関する事項の注記が必要であると規定されており、規定に従い注記を行っています。

キーワード

剰余金の配当に関する事項

当該事業年度の末日後に行う剰余金の配当のうち、基準日が当該事業年度中のもの

【解説】

　株主資本等変動計算書に関する注記のうちの「剰余金の配当に関する事項」

については、当該事業年度中に行った剰余金の配当（当該事業年度の末日後に行う剰余金の配当のうち、剰余金の配当を受ける者を定めるための会社法124条1項に規定する基準日が当該事業年度中のものを含む）に関する次に掲げる事項その他の事項を注記すべきものとされている（会社計算規則105条3号）。

①　配当財産が金銭である場合における当該金銭の総額

②　配当財産が金銭以外の財産である場合における当該財産の帳簿価額（当該剰余金の配当をした日においてその時の時価を付した場合にあっては、当該時価を付した後の帳簿価額）の総額

当該事業年度中に行った剰余金の配当に関する一定の事項と、当該事業年度の末日後に行う配当のうち、「基準日」が当該事業年度中のものについて、注記が求められることになる。「次に掲げる事項その他の事項」と規定されているが、その他の事項としては、企業会計基準適用指針第9号「株主資本等変動計算書に関する会計基準の適用指針」に定められている注記事項をしん酌することになると考えられる。

なお、「株主資本等変動計算書に関する会計基準の適用指針」に定められている注記事項については、**質疑応答-137**の解説を参照されたい。

上記の規定のかっこ書の「当該事業年度の末日後に行う剰余金の配当のうち、剰余金の配当を受ける者を定めるための会社法124条1項に規定する基準日が当該事業年度中のものを含む」が規定されていることから、当該事業年度に係る定時株主総会において決議予定の期末配当も注記対象であることは明らかである。旧商法のときの「利益処分案」がなくなったことから、当該事業年度に係る定時株主総会において決議予定の配当が計算書類である注記表の記載対象になっているものと考えられる。

法的根拠

会社計算規則105条3号

質疑-137　剰余金の配当の原資

当該事業年度の定時株主総会において決議予定の期末配当については、配当の原資が資本剰余金であると記載されています。一方、今回の定時株主総会に付議されている「剰余金の処分の件」の議案をみると、配当の原資は何も記載されていません。ということは、株主の承認を経ずして、取締役会の判断により利益剰余金ではなく資本剰余金から配当をしようとしているということになります。そのようなことが法的に許されるのでしょうか。配当の原資についても、株主の承認を受けるべきではないですか。

応答-137

剰余金の配当の原資は、株主総会の決議事項とはされていませんので、法的に問題はありません。資本剰余金から配当するか利益剰余金から配当するかについて、法的な優先順位はないからです。ただし、配当の原資を株主に知らせる必要性から、剰余金の配当に関する事項として注記をしています。

キーワード

剰余金の配当の原資

【解説】

会社法上、剰余金の配当に関する決議事項は、次の3つである（会社法454条1項）。

①　配当財産の種類（当該株式会社の株式等を除く）および帳簿価額の総額

②　株主に対する配当財産の割当てに関する事項

③　当該剰余金の配当がその効力を生ずる日（効力発生日）

会社法上、資本剰余金と利益剰余金との区別は特にされておらず、配当の決議においてもその別を明示する必要はない。

一方、企業会計基準適用指針第9号「株主資本等変動計算書に関する会計基準の適用指針」13項によれば、株主資本等変動計算書に次の事項を注記すべきものとされている。

① 配当財産が金銭の場合には、株式の種類ごとの配当金の総額、1株当たり配当額、基準日および効力発生日

② 配当財産が金銭以外の場合（分割型の会社分割を含む）には、株式の種類ごとに配当財産の種類ならびに配当財産の帳簿価額（配当の効力発生日における時価をもって純資産を減少させる場合には、当該時価により評価した後の帳簿価額をいう）、1株当たり配当額、基準日および効力発生日

③ 基準日が当期に属する配当のうち、配当の効力発生日が翌期となるものについては、配当の原資および①または②に準ずる事項

「基準日が当期に属する配当のうち、配当の効力発生日が翌期となるもの」、すなわち当該事業年度に係る定時株主総会において付議する予定の配当については、配当の原資をも注記することになる。

なお、当該事業年度中に行った配当について、配当の原資を注記することが求められていないのは、当該事業年度の株主資本等変動計算書に直接開示されていることと、また、通常はすでに公表されていること（注）がその理由と考えられる。

　（注）　企業会計基準適用指針第3号「その他資本剰余金の処分による配当を受けた株主の会計処理」においては、「なお、剰余金を配当する会社は、取締役会等の会社の意思決定機関で定められた配当の原資（その他資本剰余金またはその他利益剰余金）を速やかに公表することが望ましい」とされている。

法的根拠

会社法454条1項

企業会計基準適用指針第9号「株主資本等変動計算書に関する会計基準の適用指針」13項(4)

企業会計基準適用指針第3号「その他資本剰余金の処分による配当を受けた株主の会計処理」16項なお書

質疑-138　自己株式の取得価額との関係

貸借対照表の純資産の部に計上されている自己株式の取得価額を、株主資本等変動計算書に関する注記に記載されている自己株式の数で除すと、自己株式1株当たりの取得価額がわかりますが、当社の場合、現在の株価に対してかなり高い時期に取得していることがわかります。将来において、自己株式処分差損が発生する可能性が高く、財務的にはマイナス要因ということになります。取得時期に関する経営判断が甘かったのではないですか。

応答-138

ご指摘のとおり、自己株式の平均的な取得価額に比べて、現在の株価は下落しています。取得段階において現在の株価を予想できるものではなく、取得当時における判断が誤っていたというわけではありません。仮に今後処分を行う場合においては、剰余金のマイナスが少なくなるように、できる限り当社にとって有利となるようにその時期を判断するように配慮いたします。

キーワード

自己株式処分差損

【解説】

自己株式の処分価額が取得価額を下回る場合は、自己株式処分差損が発生し、

損益には影響は生じないが、剰余金のマイナスとして処理される。その他資本剰余金の減額として処理するが、その会計処理の結果、その他資本剰余金の残高が負の値（マイナス残高）となった場合には、会計期間末において、その他資本剰余金をゼロとし、当該負の値をその他利益剰余金（繰越利益剰余金）から減額する。

　自己株式の取得の時期如何によっては、その後の株価が下落することにより、その後の処分により自己株式処分差損が発生する可能性が生じるが、取得の段階において合理的に予測できるものではなく、判断の誤りを追及されるべきものではない。また、今後処分を行う場合に、剰余金のマイナスが少なくなるように配慮する点を付言することが考えられる。

| 法的根拠 |

企業会計基準第1号「自己株式及び準備金の額の減少等に関する会計基準」12項

6．税効果会計に関する注記

質疑-139　評価性引当額について

　税効果会計に関する注記の中に、評価性引当額がマイナス○○○百万円と記載されていますが、この分については繰延税金資産が計上できなかったということですか。将来の利益が見込めないという意味なのですか。

応答-139

　事業計画等を基にしたスケジューリングに基づいて繰延税金資産の回収可能性を十分に検討し、繰延税金資産の金額を決定しています。会計監査人の助言もあり、将来の課税所得を保守的に見積もっています。将来の利益が見込めないという意味ではありません。資産に計上されている繰延税金資産については、十分に回収可能性があるものと考えています。

キーワード

繰延税金資産の回収可能性
評価性引当額

【解説】
　税効果会計は、法人税その他利益に関連する金額を課税標準とする税金（以下「法人税等」という）の額を適切に期間配分することにより、法人税等を控除する前の当期純利益と法人税等を合理的に対応させることを目的とする手続である。繰延税金資産を計上するにあたっては、将来の税金負担額を軽減する効果を有するか否かについての判断が極めて重要となるが、それについては収

益力に基づく課税所得の十分性、タックスプランニングの存在などにより繰延税金資産の回収可能性を判断することとされている。

　これらはいずれも将来事象の予測や見積りに依存することとなるため客観的に判断することが困難な場合も多い。そのため、会計上は、保守主義の原則により、将来の課税所得を保守的に見積もることも少なくない。したがって、評価性引当額を計上しているからといって、将来の利益が見込めないということと連動するわけではない。

法的根拠

「税効果会計に係る会計基準」
企業会計基準委員会・企業会計適用指針第26号「繰延税金資産の回収可能性に関する適用指針」

関連事例

【質疑】繰延税金資産の回収可能性の判断はどのように行われたのですか。それについて、会計監査人からはどのような評価を受けているのですか。

【応答】繰延税金資産の計上にあたっては、収益力に基づく課税所得の十分性、タックスプランニングの存在、将来加算一時差異の十分性の判断要件を考慮した結果、当該将来減算一時差異が将来課税所得を減少させ、税金負担額を軽減することができると認められる範囲内で計上しています。会計監査人からは適切であるとの評価を受けています。

質疑-140 繰延税金資産および繰延税金負債の発生の主な原因

税効果会計に関する注記をみると、「繰延税金資産の発生の主な原因は、減価償却超過額、退職給付引当金、貸倒引当金繰入限度超過額その他であります。」と記載されており、金額の内訳が書かれていません。このような開示方法は、法令上認められているのですか。これでは本当の内容が十分にわからないのではないですか。

応答-140

会社計算規則においては、繰延税金資産および繰延税金負債の発生の主な原因を注記するものと規定されています。当社は、規定どおり「発生の主な原因」を注記しており、法令上問題ありません。

なお、発生の主な原因別の金額の内訳については、有価証券報告書の財務諸表の注記事項ですのでそちらで開示されますが、発生の主な原因別の金額の内訳は…（主な金額の内訳を説明する）のとおりです。

キーワード

繰延税金資産および繰延税金負債の発生の主な原因
繰延税金資産および繰延税金負債の発生の主な原因別の内訳

【解説】

「税効果会計に係る会計基準」においては、繰延税金資産および繰延税金負債の発生原因別の主な内訳を注記すべきものと定められている（「税効果会計に係る会計基準」第四・1）。それを受けて、財務諸表等規則においても、「繰延税金資産（税効果会計の適用により資産として計上される金額をいう）および繰延

税金負債（税効果会計の適用により負債として計上される金額をいう）の発生の主
な原因別の内訳」が注記事項であると規定されている（財務諸表等規則8条の
12第1項1号）。

　「発生の主な原因別の内訳」とは、発生の主な原因別の金額の内訳開示が必
要であるという意味である。

　ところが、会社計算規則では、繰延税金資産（その算定に当たり繰延税金資産
から控除された金額がある場合における当該金額を含む）および繰延税金負債の発
生の主な原因を注記すべきものと規定されている（会社計算規則107条）。「発生
の主な原因」と規定されていることから、規則上は金額の内訳開示まで求めら
れておらず、発生の主な原因のみの開示を求める規定内容になっている。計算
書類の作成負担に配慮する趣旨である。有価証券報告書作成会社が、計算書類
において「発生の主な原因」のみを開示している場合は、有価証券報告書を参照
する旨を付言した上で、発生の主な原因別の内訳の説明を行うことが望ましい。

　　（注）　計算書類における税効果会計に関する注記については、金額の内訳開示
　　　　まで行っている事例が多いが、一部の会社で発生の主な原因のみ注記して
　　　　いる事例がみられる。

　法的根拠

会社計算規則107条
「税効果会計に係る会計基準」第四・1
財務諸表等規則8条の12・1項1号

7．リースにより使用する固定資産に関する注記

質疑-141　リース資産の注記の有無

　「リースにより使用する固定資産に関する注記」がまったく行われていません。確かに、「リース取引に関する会計基準」の改正により、リース取引が賃貸借処理ではなく売買処理となったわけですが、当社では賃貸借処理を適用しているものはまったくないのですか。１契約当たりのリース料総額が300万円以下の少額のリース取引については、賃貸借処理が認められているはずですが、そのようなものがないとは考えにくいですが、注記が漏れているのではないですか。

応答-141

　１契約当たりのリース料総額が300万円以下のリース取引は行っており、それについては賃貸借処理を適用しています。しかし、少額リースについて賃貸借処理が認められているのは、重要性が乏しいからという理由です。したがって、重要性が乏しいことから、注記はいたしておりません。

キーワード

（１契約当たりのリース料総額が300万円以下の）少額リース

【解説】

　会社計算規則においては、所有権移転外ファイナンス・リース取引について、売買処理を適用していない場合に、借手側に一定の注記が求められる（会社計

算規則108条）。その場合、リース物件（固定資産に限る）に関する事項を注記するものとされ、リース物件の全部または一部に係る当該事業年度の末日における取得原価相当額、減価償却累計額相当額、未経過リース料相当額その他リース物件に係る重要な事項については含めてもよいとされている。

　したがって、「リース取引に関する会計基準」を適用した場合は、原則として売買処理を適用するため、注記は不要となる。また、1契約当たりのリース料総額が300万円以下の少額リースやリース期間1年以内の短期リースについては、賃貸借処理の適用が認められているが、それは重要性がないという理由で例外的に認められている取扱いであることから、少額リース・短期リースについての注記は原則として不要であると解される。

法的根拠

会社計算規則108条

企業会計基準適用指針第16号「リース取引に関する会計基準の適用指針」34項、35項

8．金融商品に関する注記

質疑-142　金融商品に係るリスク管理体制

当社は有価証券、デリバティブ取引をはじめとして金融商品を相当保有しています。過去に金融商品について多額の損失が発生する事例が見られるが、当社の場合はそのようなリスクに対してどのような管理体制をとっているのですか。

応答-142

金融商品に係るリスク管理体制については、計算書類の連結注記表の個所に、「金融商品に係るリスク管理体制」（招集通知の添付書類○○ページ）として記載しているとおりですが、主なものを説明すると次のとおりです。受取手形および売掛金に係る顧客の信用リスクは、与信管理規程に沿って期日管理および与信管理を行い、主な取引先の信用状況を定期的に把握する体制としています。また、投資有価証券は主として株式であり、上場株式については四半期ごとに時価の把握を行っています。借入金の使途は運転資金（主として短期）および設備投資資金（長期）であり、一部の長期借入金の金利変動リスクに対して金利スワップ取引を実施して支払利息の固定化を実施しております。なお、デリバティブは内部管理規程に従い、実需の範囲で行うこととしております。それぞれについて一定のリスク管理体制を整備しています。その運用状況についても、日頃から監査によりチェックがされていますので、問題がないものと認識しています。

金融商品に係るリスク管理体制

【解説】

　平成20年３月10日付で金融商品に関する会計基準が改正され、金融商品の状況に関する事項（①金融商品に対する取組方針、②金融商品の内容およびそのリスク、③金融商品に係るリスク管理体制、④金融商品の時価等に関する事項についての補足説明）および金融商品の時価等に関する事項が注記対象とされ、平成22年３月31日以後に終了する事業年度に係る（連結）財務諸表から適用が開始されている。

　金融商品の状況に関する事項の中に、金融商品の内容およびそのリスクと金融商品に係るリスク管理体制が含まれており、金融商品のリスクごとにリスク管理体制を注記することになる。

　株主から質問があったときは、注記表に記載されている内容を参照する旨を回答した上で、主要なものを取り上げる説明で問題ないと考えられる。

　なお、連結計算書類作成会社の場合は、連結注記表の記載対象となり、個別注記表の記載は不要となる。したがって、企業グループ（企業集団）としてのリスク管理体制を注記することになる。

法的根拠

「金融商品に関する会計基準」40-２項、41項
企業会計基準適用指針第19号「金融商品の時価等の開示に関する適用指針」

265

質疑-143　取引先の契約不履行等に係るリスク（信用リスク）

取引先の契約不履行などの信用リスクについて、当社はどのようなリスク管理体制をとっているのですか。

応答-143

当社は、債権管理規程に従い、営業債権および長期貸付金について、各事業部門における営業管理部が主要な取引先の状況を定期的にモニタリングし、取引相手ごとに期日および残高を管理するとともに、財務状況等の悪化等による回収懸念の早期把握や軽減を図っております。

満期保有目的の債券は、資金運用管理規程に従い、格付の高い債券のみを対象としているため、信用リスクは僅少であります。

デリバティブ取引の利用にあたっては、カウンターパーティーリスク（デリバティブ取引の取引相手の信用リスク）を軽減するために、格付の高い金融機関とのみ取引を行っております。

キーワード

信用リスク

【解説】

「金融商品に関する注記」においては、定性的開示として、金融商品の内容およびそのリスク、ならびに金融商品に係るリスク管理体制を開示するものとされている。金融商品のリスクとしては、金融商品の内容ごとに想定されるリスクがあり、それを明らかにした上で、リスク管理体制を開示することになる。計算書類の注記表において、リスク管理体制を開示している場合は、そのペー

ジ数を参照する方法により簡潔に説明することで足りると考えられる。

　信用リスク（取引先の契約不履行等に係るリスク）は、営業債権、長期貸付金、満期保有目的の債券、デリバティブ取引などについて想定される。また、市場リスク（為替や金利等の変動リスク）は、外貨建ての債権・債務、借入金、社債（保有側）、有価証券・投資有価証券、デリバティブ取引などについて想定される。さらに、資金調達に係る流動性リスク（支払期日に支払いを実行できなくなるリスク）は、営業債務、借入金、社債（発行側）などについて想定される。

質疑-144　市場リスク（為替や金利等の変動リスク）

　市場リスク（為替や金利等の変動リスク）について、当社はどのようなリスク管理体制をとっているのですか。

応答-144

　当社および一部の連結子会社は、外貨建ての営業債権債務について、通貨別月別に把握された為替の変動リスクに対して、原則として先物為替予約を利用してヘッジしております。なお、為替相場の状況により、半年を限度として、輸出に係る予定取引により確実に発生すると見込まれる外貨建営業債権に対する先物為替予約を行っております。また、当社および一部の連結子会社は、借入金および社債に係る支払金利の変動リスクを抑制するために、金利スワップ取引を利用しております。

　有価証券および投資有価証券については、定期的に時価や発行体（取引先企業）の財務状況等を把握し、また、満期保有目的の債券以外のものについては、取引先企業との関係を勘案して保有状況を継続的に見直しております。

　デリバティブ取引につきましては、取引権限や限度額等を定めたデリバ

ティブ取引管理規程に基づき、半年ごとに経営会議で基本方針を承認し、これに従い財務部が取引を行い、経理部において記帳および契約先と残高照合等を行っております。月次の取引実績は、財務部所管の役員および経営会議に報告しております。

市場リスク

【解説】

　質疑応答-142および143の解説を参照されたい。

質疑-145　資金調達に係る流動性リスク（支払期日に支払いを実行できなくなるリスク）

　　資金調達に係る流動性リスク（支払期日に支払いを実行できなくなるリスク）について、当社はどのようなリスク管理体制をとっているのですか。

応答-145

　当社は、各部署からの報告に基づき財務部が適時に資金繰計画を作成・更新するとともに、手元流動性を連結売上高の X か月分相当に維持することなどにより、流動性リスクを適切に管理しております。

キーワード

資金調達に係る流動性リスク

【解説】

　質疑応答–142および143の解説を参照されたい。

質疑–146　金銭債権または金銭債務の時価算定

　「金融商品に関する注記」をみると、長期貸付金、長期借入金や社債について時価を開示しており、帳簿価額と一定の差額が生じています。このような金銭債権または金銭債務については、どのように時価を算定したのですか。帳簿価額と差異が生じるという意味がよくわかりません。

応答–146

　「金融商品に関する会計基準」のルールにより、時価の把握が極めて困難なものを除いて、すべての金融商品について「時価等の開示」が求められることになっています。金銭債権または金銭債務については、社債を除いては市場価格のないものがほとんどであり、その場合には「合理的に算定された価額」を時価として開示することになります。当社では、将来キャッシュ・フローを合理的に見積もり、それを一定の割引率で現在価値に割り引いたものを時価として開示しております。

キーワード

合理的に算定された価額

【解説】

　「金融商品の時価等の開示」により時価等の開示が求められるのは、金銭債権および金銭債務が中心である。市場価格のあるものは限られるため、「合理的に算定された価額」を用いるものがほとんどになる。金銭債権および金銭債

務の場合、将来キャッシュ・フローを合理的に見積もることができるものが多く、その場合は将来キャッシュ・フローの現在価値を用いることになると考えられる。

　貸付金または借入金を時価評価する場合には、将来キャッシュ・フロー（元利金の合計額）をリスク・フリー・レートに信用スプレッドを加味した利率、または同様の新規貸付（または借入）を行った場合に想定される利率で割り引いて時価を算定することが考えられる。また、社債（発行側）の時価については、市場価格のあるものについては「市場価格に基づく価額」を時価とし、市場価格のないものについては、将来キャッシュ・フロー（元利金の合計額）を当該社債の残存期間および信用リスクを加味した利率で割り引いた現在価値を時価とすることが考えられる。

　なお、短期間で決済されるものなど、帳簿価額が時価と近似していると判断されるものについては、帳簿価額を時価とみなして開示することが考えられる。

　　法的根拠

会社計算規則109条

企業会計基準第10号「金融商品に関する会計基準」

企業会計基準適用指針第19号「金融商品の時価等の開示に関する適用指針」

9．賃貸等不動産に関する注記

質疑-147　賃貸等不動産の運用状況

　　賃貸等不動産の時価が開示されています。当社は、賃貸等不動産を多数保有しているが、時価が貸借対照表価額（帳簿価額）を下回っているものが一部あるはずです。採算の状況（運用状況）などを含めて、株主に対して、個々の物件ごとに説明する義務があるのではないですか。

応答-147

　　賃貸等不動産の時価等の開示については、会計基準に準拠した上で開示しています。賃貸等不動産については、従来から、効率的な運用がなされるように十分に配慮してポートフォリオを決定しておりますので、採算に問題のあるものはほとんどありません。また、仮に遊休資産が発生した場合には、再利用の方法などを十分に検討し、再利用の可能性がないものについては処分などの対応を行っています。物件ごとの説明につきましては、個々の物件ごとの開示がもともと求められていないため、詳細な資料が手元にありませんが、主なものを挙げると、…（主な物件について具体的な運用状況、採算の状況等を説明する）です。

キーワード

賃貸等不動産

【解説】

　「賃貸等不動産の時価等の開示に関する会計基準」は、平成22年３月31日以

後終了する事業年度の年度末に係る財務諸表から適用されている。本会計基準においては、賃貸等不動産の概要、貸借対照表計上額および期中における主な変動、時価およびその算定方法のほか、損益なども開示対象とされている。

　賃貸収益またはキャピタル・ゲインの獲得を目的として保有されている不動産が開示の対象になるが、将来の使用が見込まれていない遊休不動産、将来において賃貸等不動産として使用される予定で開発中の不動産や継続して賃貸等不動産として使用される予定で再開発中の不動産なども開示対象に含まれる。

　個々の物件ごとの開示が強制されているわけではなく、企業の管理状況等に応じて、注記事項を用途別、地域別等に区分して開示することができる(グルーピングによる注記が認められる)。

法的根拠

会社計算規則110条
「賃貸等不動産の時価等の開示に関する会計基準」
「賃貸等不動産の時価等の開示に関する会計基準の適用指針」

質疑-148　遊休不動産

賃貸等不動産の開示内容をみると、遊休不動産があり、この物件は収益を生んでいないことがわかります。遊休状態になった原因は何ですか。また、このようなものを保有していることが、結果として資本効率を低下させる要因になりますが、今後の方針をお尋ねします。

応答-148

○○に所在している不動産ですが、当初は物流倉庫として使用する予定で購入し、昨年まで実際に使用していました。しかし、その後○○事業の縮小に伴い、その必要性がなくなったものです。当該不動産については処分する方針であり、売却先を探しているところです。

キーワード

遊休不動産

【解説】

「賃貸等不動産の時価等の開示に関する会計基準」によれば、賃貸等不動産の概要、貸借対照表計上額および期中における主な変動、時価およびその算定方法、損益が開示対象とされている。遊休不動産については、収益が計上されていないことが原則として開示されることになる。ただし、管理状況等に応じて、注記事項を用途別、地域別等に区分して開示することができる。すなわち、一定のグルーピングを行って開示することができる。その場合は、個々の物件単位での開示ではないため、上記のような個別の遊休不動産についての質問は想定されない。

会社計算規則110条

「賃貸等不動産の時価等の開示に関する会計基準」

「賃貸等不動産の時価等の開示に関する会計基準の適用指針」

質疑-149　賃貸等不動産に関する注記の開示内容

　賃貸等不動産に関する注記をみると、用途別にグルーピングした開示内容になっています。物件ごとの採算の状況が示されないと、内容が十分に把握できません。物件ごとの内容を説明してください。

応答-149

　当社の管理状況から、用途別にグルーピングして開示しています。物件ごとの開示が強制されているわけではありませんが、主な物件は…（主要な物件のいくつかについて説明する）です。

キーワード

賃貸等不動産の物件ごとの開示

【解説】

　賃貸等不動産に関する注記事項については、管理状況等に応じて、注記事項を用途別、地域別等に区分して開示することができるものとされている（「賃貸等不動産の時価等の開示に関する会計基準」8項）。

　賃貸等不動産に関する注記を用途別、地域別等に区分して注記している場合は、株主総会において物件ごとの内容の説明を求められたときは、主要な物件のいくつかについて説明することが考えられる。

法的根拠

会社計算規則110条

企業会計基準第20号「賃貸等不動産の時価等の開示に関する会計基準」8項

質疑-150　賃貸等不動産の時価の算定方法 (簡便な評価のケース)

賃貸等不動産に関する注記をみると、時価の算定方法について公示価格や路線価を調整する方法によっている旨が記述されています。賃貸等不動産の時価の算定方法については、不動産鑑定価格によっている会社もあるように聞いていますが、なぜこのような簡便な方法によっているのですか。また、そのような簡便な方法はそもそも認められているのですか。

応答-150

「賃貸等不動産の時価等の開示に関する会計基準」では、重要性の乏しい賃貸等不動産については、原則的な評価方法(不動産鑑定評価基準または類似の方法に基づいて算定する方法)によらないで、実勢価格や査定価格のような一定の評価額や市場価格を反映していると考えられる指標(公示価格、路線価、基準地価、固定資産税評価額またはそれらの価格を合理的に調整した価格)を用いることが認められています。当社の所有する賃貸等不動産は、個々にみると重要性が乏しいと判断されるため、適切に市場価格を反映していると考えられる指標(=公示価格、路線価、基準地価、固定資産税評価額またはそれらの価格を合理的に調整した価格)に基づく価額等を時価とみなして開示しております。会計基準において認められている取扱いであり、まったく問題はありません。

キーワード

一定の評価額や適切に市場価格を反映していると考えられる指標に基づく価額
等

【解説】

　賃貸等不動産の時価については、市場価格が観察できない場合は、合理的に
算定された価額を用いるものとされ、原則として、「不動産鑑定評価基準」ま
たは類似の方法に基づいて算定するものとされている。また、直近の原則的な
時価算定を行った時から、一定の評価額や適切に市場価格を反映していると考
えられる指標に重要な変動が生じていない場合には、当該評価額や適切に市場
価格を反映していると考えられる指標を用いて調整した金額をもって当期末に
おける時価とみなすことができるものとされている。さらに、その変動が軽微
であるときには、直近の原則的な時価算定による価額をもって当期末の時価と
みなすことができる。

　開示対象となる賃貸等不動産のうち、重要性が乏しいものについては、一定
の評価額（＝実勢価格または査定価格）や適切に市場価格を反映していると考え
られる指標（＝公示価格、路線価、基準地価、固定資産税評価額またはそれらの価
格を合理的に調整した価格）に基づく価額等を時価とみなすことができるものと
されており、重要性の乏しい賃貸等不動産については簡便な評価によることが
許容される。

法的根拠

会社計算規則110条
企業会計基準適用指針第23号「賃貸等不動産の時価等の開示に関する会計基準
の適用指針」11〜15項

質疑-151　賃貸等不動産の時価の算定方法
（不動産鑑定価額のケース）

賃貸等不動産に関する注記をみると、時価の算定方法について不動産鑑定士による不動産鑑定価額によっている旨の記述がみられます。不動産鑑定価額を用いるためには、相応の費用が発生しているはずですが、そのような費用をかける必要性があるのですか。そのような余計な費用を節減して、少しでも株主に配当として還元すべきではないでしょうか。

応答-151

当社は、不動産の賃貸を本業としており、総資産に占める賃貸等不動産の比重にも明らかに重要性があります。賃貸等不動産のうち重要性が乏しいものを除いて、原則として、「不動産鑑定評価基準」または類似の方法に基づいて算定するものとされていることから、当社の対応は適切であるものと認識しています（もちろん重要性の乏しい賃貸等不動産については、簡便な評価によっています）。適正な開示を行うことにより、開示書類としての信頼性が高まり、株主の皆様のご判断にもプラスになるものと思われます。

キーワード

「不動産鑑定評価基準」または類似の方法に基づいて算定する方法

【解説】

不動産の賃貸等が主要な事業目的であり、賃貸等不動産の総資産に占める重要性が高い場合は、個々の賃貸等不動産についても重要性のあるものが多いことが想定される。重要性の乏しいものでない限り、一定の評価額や適切に市場

277

価格を反映していると考えられる指標に基づく価額等を時価とみなすことはできない。合理的に算定された価額を用いるものとされ、原則として、「不動産鑑定評価基準」または類似の方法に基づいて算定するものとされている。

　「不動産鑑定評価基準」または類似の方法に基づいて算定する方法による場合、不動産鑑定会社または不動産鑑定士による不動産鑑定評価書に基づく価額だけでなく、「不動産鑑定評価基準」に基づいて自社で算定された価額も認められる。しかし、自社に「不動産鑑定評価基準」または類似の方法に基づいて算定することが可能なスタッフが存在しない場合は、不動産鑑定会社または不動産鑑定士に委託せざるを得ないことも考えられる。

　また、不動産の賃貸等を本業にしている会社その他賃貸等不動産に一定の重要性がある会社の場合、評価方法を厳密にすることで、投資家等の開示書類に対する信頼を高める効果を期待するケースもあり得るものと考えられる。

法的根拠

会社計算規則110条
企業会計基準適用指針第23号「賃貸等不動産の時価等の開示に関する会計基準の適用指針」11〜15項

質疑-**152** 連結会社間の賃貸不動産

当社は子会社に不動産を賃貸しているはずですが、賃貸等不動産に関する注記がされていません。注記すべきものが漏れているのではないですか。

応答-**152**

当社は連結計算書類作成会社であり、賃貸等不動産に関する注記も連結注記表として開示しています。連結決算上は親子会社または子会社間のような連結会社間の取引は相殺消去されます。したがって、連結会社間で賃貸借されている不動産については、開示対象外となります。

キーワード

連結会社間で賃貸借される賃貸等不動産

【解説】

賃貸等不動産に関する注記は、連結計算書類作成会社については連結注記表の開示対象となる（会社計算規則98条2項4号）。また、連結注記表を作成する会社は、個別注記表における賃貸等不動産に関する注記は不要であると規定されている（会社計算規則110条2項）。したがって、連結計算書類作成会社は、連結注記表において賃貸等不動産に関する注記を行うこととなり、その場合は個別注記表における開示は行わない。

連結注記表で賃貸等不動産に関する注記を行う場合、連結会社間の不動産の賃貸借については、連結決算上相殺消去されることとなり、結果として開示対象外となる。

法的根拠

会社計算規則98条 2 項 4 号、110条 2 項

10. 持分法損益等に関する注記

質疑-153　開示対象特別目的会社の概要等

「連結計算書類の作成のための基本となる重要な事項」に、開示対象特別目的会社の概要、開示対象特別目的会社との取引の概要および取引金額等が注記されています。特別目的会社への資産の譲渡を行っているものと思われますが、子会社として連結対象にしなかったということですか。その判断の適正性については問題ないのですか。

応答-153

当社は、昨年、資産流動化法に基づき SPC に資産の譲渡取引を行っております。法令の規定により、子会社に該当しないものと推定されたものについて、当該特別目的会社の概要、取引の概要および取引金額等の開示を行っているものです。「連結財務諸表に関する会計基準」およびそれを受けた会社法施行規則 4 条の規定が、一定の要件を満たした場合に、特別目的会社に資産を譲渡した会社において、その特別目的会社が資産を譲渡した会社の子会社に該当しないと推定すると規定しており、その取扱いにより子会社に該当しないと推定された特別目的会社について一定の事項を注記しなければならないとする会社計算規則の規定に基づいているものです。法令の規定に基づき、適法に処理を行っておりますし、会計監査人から適正であるとの判断をいただいています。

キーワード

開示対象特別目的会社

【解説】

　特別目的会社とは、資産の流動化に関する法律（平成10年法律第105号）2条
3項に規定する特定目的会社および事業の内容の変更が制限されているこれと
同様の事業を営む事業体をいう。次に掲げる要件のいずれにも該当する場合に
は、当該特別目的会社に資産を譲渡した会社の子会社に該当しないものと推定
する（会社法施行規則4条）。

　①　当該特別目的会社が適正な価額で譲り受けた資産から生ずる収益をその
　　発行する証券（当該証券に表示されるべき権利を含む）の所有者（資産の流
　　動化に関する法律2条12項に規定する特定目的借入れに係る債権者およびこれ
　　と同様の借入れに係る債権者を含む）に享受させることを目的として設立さ
　　れていること

　②　当該特別目的会社の事業がその目的に従って適切に遂行されていること

　特別目的会社が子会社に該当するかどうかを適切に判断するために、財務諸
表等規則8条の9・2号と平仄を合わせる形で、上記の規定が置かれている。

　子会社に該当しないと推定され、連結の範囲に含まれないとしても、連結計
算書類作成会社の経営成績および財政状態に影響を与え得ることから、特別目
的会社に関する一定の情報を開示させることに意義があるものと考えられる。

　連結計算書類作成会社の場合は、「連結計算書類の作成のための基本となる
重要な事項」に記載することになるため、個別注記表において単独の項目とし
て開示する必要はない（会社計算規則111条2項）。

　平成23年3月25日付の「連結財務諸表に関する会計基準」の改正を受けた同
年11月16日付の会社法施行規則4条の改正により、上記の推定規定から「特別
目的会社に対する出資者」が削除された。したがって、上記の推定規定の適用
を受けるのは「特別目的会社に資産を譲渡した会社」のみである。本改正の適
用時期は、平成25年4月1日以後に開始する事業年度に係る計算書類からであ
る（ただし、平成23年4月1日以後に開始する事業年度に係る計算書類について早
期適用することができるとされている）。

法的根拠

「連結財務諸表に関する会計基準」7−2項

会社法施行規則4条

会社計算規則111条

財務諸表等規則8条の9

質疑-**154**　マイナスの持分法損益

　　持分法損益が大幅なマイナスになっています。当社は、連結計算書類を
作成していないため、関連会社に対する投資の失敗は直接計算書類に表れ
ていないものと思われます。関係会社株式について減損処理をしていない
ように思われますが、このような状況ですと、剰余金の分配可能額にもこ
の点が織り込まれていないと考えられます。剰余金の配当額を決定するに
際して、十分に考慮しているのですか。

応答-**154**

　　関連会社の一部に業況が悪化したものがあり、その影響で持分法損益が
マイナスになっています。しかし、（個別）計算書類上、関係会社投資損
失引当金を適切に計上しており、結果として剰余金の分配可能額の算定上
も考慮されておりますので、ご心配には及びません。

キーワード

持分法損益

関係会社投資損失引当金

【解説】

　連結計算書類を作成していない場合、関係会社に対する投資についての損失見込額は、（個別）計算書類に反映されない場合もあるが、関係会社に対する投資に係る損失見込額について関係会社投資損失引当金を計上することにより、その損失見込額が適切に反映される。また、関係会社の資産状態が著しく悪化した場合には、関係会社株式について、（個別）計算書類上、減損処理を行うことにより、評価減がされる場合もある。

　監査委員会報告第71号「子会社株式等に対する投資損失引当金に係る監査上の取扱い」によれば、次に述べる会計処理に従って、市場価格のない子会社株式等に対して投資損失引当金を計上している場合には、当面、監査上妥当なものとして取り扱うことができるものとされている。なお、本報告に従って投資損失引当金を計上している場合には、その計上基準を重要な会計方針に注記する必要がある。具体的には、次のいずれかの場合に該当するときには、投資損失引当金を計上することができる。なお、金融商品会計基準等により減損処理の対象となる子会社株式等については、投資損失引当金による会計処理は認められないことに留意しなければならない。

① 　子会社株式等の実質価額が著しく低下している状況には至っていないものの、実質価額がある程度低下したときに、健全性の観点から、これに対応して引当金を計上する場合

　　ただし、この場合には、実質価額の回復可能性が客観的に確実であるにもかかわらず引当金を計上する等、過度に保守的な会計処理とならないように留意する必要がある。

② 　子会社株式等の実質価額が著しく低下したものの、会社はその回復可能性が見込めると判断して減損処理を行わなかったが、回復可能性の判断はあくまでも将来の予測に基づいて行われるものであり、その回復可能性の判断を万全に行うことは実務上困難なときがあることに鑑み、健全性の観点から、このリスクに備えて引当金を計上する場合

　　たとえば、回復可能性の判断の根拠となる再建計画等が外部の要因に依

存する度合いが高い場合等が挙げられる。

法的根拠

監査委員会報告第71号「子会社株式等に対する投資損失引当金に係る監査上の取扱い」

11. 関連当事者との取引に関する注記

質疑-155　関連当事者との取引の把握・管理

　関連当事者との取引は注記で明らかにすべきであるが、どのような方法で漏れなく開示されるように把握および管理しているのですか。

応答-155

　当社では、経理部門において、関連当事者との取引状況に関する情報を適切に収集しています。帳簿記録からだけでなく、必要に応じて報告を求めるなどして、必要な情報が漏れないように対応しています。

キーワード

関連当事者との取引の把握・管理

【解説】

　「関連当事者との取引に関する注記」が必要とされているのは、会社にとっての利害関係者である関連当事者との取引が通常の取引条件とは異なる条件で行われる可能性があり得るし、関連当事者間の取引により利益の水増しが図られるような不公正な取引が行われる可能性もあるからである。

　会社法上は、連結計算書類を作成しているかどうかに関係なく、個別注記表とされている。それは、単に計算書類の適正開示というだけでなく、一定の利害関係者との間で不公正な条件で取引等が行われている場合に、その内容を開示させることにより、そのような取引を行う業務執行者の業務の執行のあり方の適正性についての判断材料を提供させるという観点に立つものであるからで

あるとされている（注）。

（注）　相澤哲・和久友子「新会社法関係法務省令の解説(7)計算関係書類」旬刊
　　　商事法務1765号、15頁。

　適正な開示が行われるための体制整備が当然に必要であり、帳簿記録からだけでなく、必要に応じて報告を求めるなど、必要な情報が漏れないような体制整備はもとより、内部監査によるチェック体制など、会社として一定の管理体制を整備することが必要である。

法的根拠

「関連当事者の開示に関する会計基準」

「関連当事者の開示に関する会計基準の適用指針」

会社計算規則112条

質疑-156　子会社との取引

　子会社が多数あるのに、関連当事者との取引に関する注記において子会社との取引があまり開示されていないではないですか。本来開示しなければいけないものを省略しているのではないですか。

応答-156

　一般の取引条件と同様の条件を決定していることが明らかなものについては、法務省令の規定に基づき省略しています。また、重要性の判断基準に基づいて、重要性が乏しいと判断されたものについても省略しています。その結果、開示すべきものについては、すべて開示を行っており、会計監査人の監査においても、指摘事項はありませんでした。

キーワード

一般の取引条件と同様の条件を決定していることが明白な取引

【解説】

　関連当事者との間の取引のうち次に掲げる取引については、注記を要しないと規定されている（会社計算規則112条2項）。

① 　一般競争入札による取引ならびに預金利息および配当金の受取りその他取引の性質からみて取引条件が一般の取引と同様であることが明白な取引

② 　取締役、会計参与、監査役または執行役（以下この条において「役員」という）に対する報酬等の給付

③ 　①および②に掲げる取引のほか、当該取引に係る条件につき市場価格その他当該取引に係る公正な価格を勘案して一般の取引の条件と同様のものを決定していることが明白な場合における当該取引

　一般の取引条件と同様の条件を決定していることが明白な取引であれば、注記を省略できる。一般の取引条件と同様の取引条件であることについて、明白性の要件を満たす必要がある点に留意する必要がある。一般の取引条件と同様であることが明白かどうかの判断は、個別具体的に行うしかないが、具体的には次のような取引は、注記を省略することができると考えられる。

① 　製品の販売等について市場価格を勘案して一般的取引条件と同様に決定している場合

② 　借入金利や貸付金利について、市場金利を勘案して金利を決定している場合

③ 　建物の賃貸等について、近隣の地代・取引実勢に基づいて決定している場合

　公正な価格を勘案して、一般の取引条件と同様の条件を決定していることが明らかであるかどうかの検討をした上で、その検討の内容を一定の資料として保存しておくことが考えられる。

　また、重要性の乏しいものについて省略することができる。重要性の判断基

準については、原則として、関連当事者の性格、取引の性質、金額または計算
書類上の数値に対する割合などを総合して判断すべきものと考えられる。また、
公正な企業会計の慣行をしん酌することから（会社計算規則３条）、「関連当事
者の開示に関する会計基準の適用指針」を参考に決定することが考えられる。
ただし、重要性の基準は、会社の規模によっても異なり得ると考えられるため、
コーポレート・ガバナンスの観点をも踏まえて、先の適用指針に示された数値
基準を形式的に適用すべきではないと考えられる。

法的根拠

「関連当事者の開示に関する会計基準」

「関連当事者の開示に関する会計基準の適用指針」

会社計算規則112条

質疑-**157**　関連当事者取引の監査

　　関連当事者との取引について、どのよう方法で監査をしているのですか。
取引条件が適切であるかどうかをどのように確かめているのですか。（監
査役に対する質問）

応答-**157**

　　関連当事者との取引については、監査役としても重要な監査事項と認識
しており、期中から随時会計監査人の監査に際して意見聴取や意見交換を
行っており、また、計算書類の監査の過程においても、会計監査人の監査
に立ち会い、また、役職員からの説明を受けるなどして、不公正取引の有
無、取引条件の適切性、利益相反取引の承認手続の有無などを確かめてお
り、取引が適法かつ適正に行われていることを確認しています。そのよう

> な監査手続を経て、注記表を含む計算書類に関する会計監査人の監査の方
> 法と結果を相当と認めました。

キーワード

不公正取引の有無
取引条件の適切性
利益相反取引の承認手続の有無

【解説】

　不公正取引の有無、取引条件の適切性、利益相反取引の承認手続の有無など、業務監査の対象となる事項が少なくないため、内部監査および監査役監査の対象になる。期中から随時会計監査人からの意見聴取等を行い、役職員からの説明等により、取引の適法性、取引条件の適正性などを監査することになる。

質疑-**158**　役員との取引

「関連当事者との取引に関する注記」をみると、役員との取引が多数掲載されています。役員の立場を利用した不公正な取引がなされる危険はないのですか。

応答-**158**

「関連当事者との取引に関する注記」に記載されている役員との取引ですが、当社の役員が他の会社の代表取締役を兼務しているものについて記載しています。会社間の取引であっても、当社の役員が他の会社を代表して取引をしていますので、関連当事者との取引に該当するからです。このような取引については、利益相反取引についての取締役会決議を諮っており、また、監査役の監査で適正性についてのチェックも行われているため、不公正な取引が行われる危険性はありません。

キーワード

利益相反取引

【解説】

「関連当事者との取引に関する注記」において、役員との取引が記載されているものの多くは、役員が他の法人等の代表者を兼任している場合の、会社と他の法人等との取引である。当該取引は、利益相反取引（役員の第三者のためにする取引）として開示対象になる。利益相反取引は取締役会の決議事項であり、また、監査役監査によるチェックも行われていることから、基本的に不公正な取引が行われることは防止されていると考えられる。

法的根拠

会社法356条 1 項 2 号、 3 号、365条

会社計算規則112条 1 項本文

質疑-159　有価証券報告書の（連結）財務諸表に係る注記との内容の差異

　計算書類の「関連当事者との取引に関する注記」と当社の有価証券報告書に記載されている「関連当事者との取引に関する注記」とを比較すると、開示内容がかなり異なっています。計算書類の「関連当事者との取引に関する注記」のほうが詳しいようです。なぜこのような差異が生じているのですか、本来であれば実質的に同様の内容になるはずですが。

応答-159

　計算書類における「関連当事者との取引に関する注記」は個別注記表であり、一方有価証券報告書に記載される「関連当事者との取引に関する注記」は連結財務諸表の注記事項になっています。したがって、連結会社間の取引などについて両者の間に差が生じているものです。

　計算種類における「関連当事者との取引に関する注記」は、単に計算書類の適正開示というだけでなく、一定の利害関係者との間で不公正な条件で取引等が行われている場合に、その内容を開示させることにより、そのような取引を行う業務執行者の業務の執行のあり方の適正性についての判断材料を提供させるという観点が含まれているから、個別注記表として規定されたものと理解しています。

業務執行者の業務の執行のあり方の適正性についての判断材料

【解説】

　金融商品取引法に基づく有価証券報告書における財務諸表における「関連当事者との取引に関する注記」の取扱いは次のとおりである。すなわち、連結財務諸表作成会社は、個別ベースの関連当事者との取引に関する注記は不要であり、連結ベースで関連当事者との取引に関する注記を行う。その場合に、連結財務諸表提出会社と関連当事者との間の取引のうち、連結財務諸表の作成に当たって相殺消去された取引については、注記を要しないと規定されている（連結財務諸表規則15条の4の2・4項）。また、連結子会社と関連当事者との取引が開示対象であるとされている（同条3項）。

　ところが、会社計算規則における「関連当事者との取引に関する注記」は、連結計算書類を作成しているかどうかに関係なく、個別注記表の規定である。連結上相殺消去された取引について注記不要とする規定も置かれていない。なぜ個別注記表として規定されているかであるが、この注記規定が導入された理由が、単に計算書類の適正開示というだけでなく、一定の利害関係者との間で不公正な条件で取引等が行われている場合に、その内容を開示させることにより、そのような取引を行う業務執行者の業務の執行のあり方の適正性についての判断材料を提供させるという観点に立つものであるからであるとされている（注）。

　　（注）　相澤哲・和久友子「新会社法関係法務省令の解説(7)計算関係書類」旬刊
　　　　　商事法務1765号、15頁。

　結果として、有価証券報告書の連結財務諸表に関する注記内容と、計算書類における注記内容とで差異が生じることになる。

連結財務諸表規則15条の4の2

会社計算規則98条1項15号、2項4号

関連事例

【質疑】今日連結グループの考え方が重視されているのに、計算書類の「関連当事者との取引に関する注記」をみると、当社と子会社との取引は連結上相殺消去されているにもかかわらずそれが開示されていたり、連結子会社と関連当事者との取引が開示対象外になっていたり、時代と逆行しているように見えます。この点開示スタンスがおかしいのではないですか。

【応答】計算書類における「関連当事者との取引に関する注記」は、単に計算書類の適正開示というだけでなく、一定の利害関係者との間で不公正な条件で取引等が行われている場合に、その内容を開示させることにより、そのような取引を行う業務執行者の業務の執行のあり方の適正性についての判断材料を提供させるという観点に立つという立法趣旨があることから、個別注記表の開示と規定されています。したがいまして、開示は法令の規定どおりに行っておりますので、問題ありません。

質疑-160　ストック・オプションとしての新株予約権の付与

当社は、役員を対象としてストック・オプション制度を導入しました。役員も関連当事者に該当し、このストック・オプションの付与については、関連当事者との取引に該当するはずです。なぜ開示されていないのですか。

応答-160

役員に対するストック・オプションについては、会社法上の「報酬等」の決定手続を経ています。役員に対する報酬等の給付は、関連当事者との取引に関する注記の省略対象になっています。法令上関連当事者との取引として開示する必要はないものとされています。

キーワード

ストック・オプション
新株予約権

【解説】

「関連当事者との取引に関する注記」については、次のものは開示を要しないものと規定されている（会社計算規則112条2項）。

①　一般競争入札による取引ならびに預金利息および配当金の受取りその他取引の性質からみて取引条件が一般の取引と同様であることが明白な取引

②　取締役、会計参与、監査役または執行役（以下この条において「役員」という）に対する報酬等の給付

③　①および②に掲げる取引のほか、当該取引に係る条件につき市場価格その他当該取引に係る公正な価格を勘案して一般の取引の条件と同様のもの

　を決定していることが明白な場合における当該取引

　上記②の「取締役、会計参与、監査役または執行役に対する報酬等の給付」とは、取締役、会計参与、監査役または執行役が、（取締役、会計参与、監査役または執行役としての）職務執行の対価として会社から受ける財産上の利益である（会社法361条1項、387条1項等、会社計算規則2条2項16号）。

　新株予約権については、会社法上「報酬等」に該当するものとされており、会社法361条1項1号（金額）および3号（具体的な内容）の決議を経る必要があるものとされている。報酬等の決定手続を経ている限り、金額が開示されていることになり、会社計算規則112条2項2号の規定の適用を受けることにより、「関連当事者との取引に関する注記」として開示する必要はない。

　　法的根拠

会社計算規則112条2項2号

12.　１株当たり情報に関する注記

質疑-161　１株当たり純資産額

　１株当たり純資産額が○○○円○○銭と記載されています。連結貸借対照表には、非支配株主持分も表示されていますが、この純資産は、具体的には何ですか。

応答-161

　連結貸借対照表上の１株当たり純資産額の計算の基礎となった純資産額は、純資産の部の合計額から新株予約権および非支配株主持分を控除した金額です。また、個別の貸借対照表上の１株当たり純資産額の計算の基礎となった純資産額は、純資産の部の合計額から新株予約権を控除した金額です。１株当たり純資産額は、純資産額を発行済株式総数から自己株式数を控除した差額で除して計算しております。

キーワード

１株当たり純資産額
１株当たり当期純利益

【解説】
　１株当たり純資産額は、普通株式に係る期末の純資産額を、期末の普通株式の発行済株式数から自己株式数を控除した株式数で除して算定する。なお、連結財務諸表において１株当たり純資産額を算定する際に控除する自己株式数には、１株当たり当期純利益の算定と同様、子会社および関連会社が保有する親

会社等（子会社においては親会社、関連会社においては当該会社に対して持分法を適用する投資会社）の発行する普通株式数のうち、親会社等の持分に相当する株式数を含める（企業会計基準適用指針第4号「1株当たり当期純利益に関する会計基準の適用指針」34項）。

　期末の純資産額は、貸借対照表の純資産の部の合計額から、新株式申込証拠金、自己株式申込証拠金、普通株式よりも配当請求権または残余財産分配請求権が優先的な株式の払込金額（当該優先的な株式に係る資本金および資本剰余金の合計額）、当該会計期間に係る剰余金の配当であって普通株主に関連しない金額（優先配当額などが該当する）、新株予約権、非支配株主持分（連結財務諸表の場合）を控除して算定する（同適用指針35項）。

> **法的根拠**

企業会計基準適用指針第4号「1株当たり当期純利益に関する会計基準の適用指針」35項

13. 重要な後発事象に関する注記

質疑-162　決算期後に発生した取引先の倒産（修正後発事象のケース）

新聞報道によれば、当社の大口取引先○○株式会社が事実上倒産したようです。当社の決算日の直後に発生したのですから、重要な後発事象に注記がないとおかしいと思いますが、記載が漏れているのですか。

応答-162

○○株式会社の経営破綻については、修正後発事象（決算日後に発生した事象ではあるが、その実質的な原因が決算日現在においてすでに存在しており、決算日現在の状況に関連する会計上の判断ないし見積りをする上で、追加的ないし客観的な証拠を提供するものとして考慮しなければならない事象）に該当し、当期の決算に貸倒引当金を計上しています。したがって、重要な後発事象としての注記は不要でございます。

キーワード

修正後発事象
開示後発事象

【解説】

重要な後発事象に関する注記は、株式会社の事業年度の末日後に生じた、翌事業年度以降の財産または損益に重要な影響を及ぼす事象に関する注記である（会社計算規則114条1項）。

　後発事象とは、決算日の翌日から監査報告書日までの間に発生した会社の財産および損益に影響を及ぼす事象をいう。決算期後の会社の状況が株主等に何も開示されないと、株主等は適正な判断を行うことができなくなるため、注記で開示する趣旨である。

　監査・保証実務委員会報告第76号「後発事象に関する監査上の取扱い」によれば、後発事象は2つに分類される。財務諸表（計算書類、連結計算書類および金融商品取引法の財務諸表などをいう）を修正すべき後発事象（以下「修正後発事象」という）および財務諸表に注記すべき後発事象（以下「開示後発事象」という）である。

　「修正後発事象」とは、決算日後に発生した事象ではあるが、その実質的な原因が決算日現在においてすでに存在しており、決算日現在の状況に関連する会計上の判断ないし見積りをする上で、追加的ないしより客観的な証拠を提供するものとして考慮しなければならない事象である。したがって、重要な事象については、財務諸表の修正を行うことが必要となる。

　それに対して「開示後発事象」とは、決算日後において発生し、当該事業年度の財務諸表には影響を及ぼさないが、翌事業年度以降の財務諸表に影響を及ぼす事象である。したがって、重要な事象については、会社の財政状態および経営成績に関する的確な判断に資するため、当該事業年度の財務諸表に注記を行うことが必要となる。

後発事象の分類

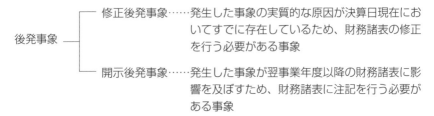

　決算日直後の大口取引先の経営破綻については、発生した事象の実質的な原因が決算日現在においてすでに存在していると考えられるため、損失見込額の

計算を行うための情報入手が可能である限り、当期の決算の修正として取り扱うことが考えられる。

法的根拠

監査・保証実務委員会報告第76号「後発事象に関する監査上の取扱い」

質疑-163　決算期後に発生した取引先の倒産（開示後発事象のケース）

　重要な後発事象として、決算日後に取引先○○株式会社が倒産し、貸倒損失が○億円発生する見込みであると注記がされています。このようなケースは、当期の決算の修正として反映させる必要があると思われますが、なぜ注記だけで済ましているのですか。

応答-163

　○○株式会社の倒産は、決算日後に生じたものであり、当期の決算において損失見込額の計算を行うための情報入手ができませんでした。したがって、重要な後発事象として翌期の損失見込額を概算で開示したものです。

キーワード

修正後発事象

開示後発事象

【解説】

　取引先の倒産が発生したタイミング如何によっては、当期の決算の修正が間に合わないことはあり得る。その場合は、重要な後発事象として、翌期に発生

する損失見込額を含めて開示することが適当である。

法的根拠

監査・保証実務委員会報告第76号「後発事象に関する監査上の取扱い」

質疑-164　固定資産売却と後発事象（記載するタイミング）

> 　先の議長の説明によれば、決算日後である○月○日に、当社の事業所跡地の売却が決まったようです。取得時期が古く、帳簿価額も低いため、売却益が○○億円発生するとのことです。このような多額の売却益が翌期に発生する見込みであるということは、明らかに重要な後発事象に該当するはずです。計算書類に注記しないで、口頭で説明するのはなぜですか。

応答-164

> 　事業所跡地の売却が決まったのは、計算書類の承認を行う取締役会の後ですので、計算書類の修正ができませんでした。したがいまして、株主総会において口頭で報告を行ったものです。

キーワード

後発事象の発生時点による開示および監査上の取扱い

【解説】

　重要な後発事象の発生が、計算書類の取締役会による承認より後であるときは、計算書類の修正も監査報告書による開示も事実上不可能である。取締役が、株主総会において報告することが必要であると解されている。

　監査・保証実務委員会報告第76号「後発事象に関する監査上の取扱い」では、

次のように、後発事象の発生時点による開示および監査上の取扱いが示されている。会社法および金融商品取引法上の取扱いを対照して表しているので、ご参考とされたい。

後発事象の発生時点による開示および監査上の取扱い——重要な後発事象に関する個別財務諸表上の取扱い（会計監査人設置会社の場合）

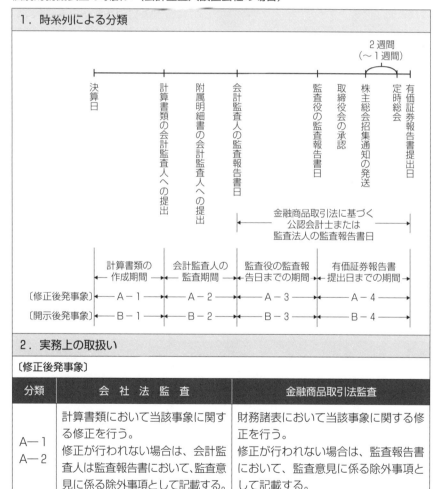

1．時系列による分類

2 週間
（〜1 週間）

決算日

計算書類の会計監査人への提出

附属明細書の会計監査人への提出

会計監査人の監査報告書日

監査役会の監査報告書日

取締役会の承認

株主総会招集通知の発送

定時総会

有価証券報告書提出日

金融商品取引法に基づく
公認会計士または
監査法人の監査報告書日

計算書類の作成期間	会計監査人の監査期間	監査役の監査報告日までの期間	有価証券報告書提出日までの期間
〔修正後発事象〕 A−1	A−2	A−3	A−4
〔開示後発事象〕 B−1	B−2	B−3	B−4

2．実務上の取扱い

〔修正後発事象〕

分類	会　社　法　監　査	金融商品取引法監査
A—1 A—2	計算書類において当該事象に関する修正を行う。 修正が行われない場合は、会計監査人は監査報告書において、監査意見に係る除外事項として記載する。	財務諸表において当該事象に関する修正を行う。 修正が行われない場合は、監査報告書において、監査意見に係る除外事項として記載する。

A—3	会計監査人の監査報告書が提出されているので、計算書類の修正は実務上困難であり、監査役が監査報告書にその内容を追加して記載する。	財務諸表の修正は実務上困難であるので財務諸表において開示後発事象として注記する。 財務諸表に注記がない場合は、監査報告書において、監査意見に係る除外事項として記載する。
A—4	監査役の監査報告書が提出されているので、計算書類の修正も監査報告書による開示も事実上不可能である。 なお、株主総会において取締役から報告することが考えられる。	なお、金融商品取引法の監査報告書日後、有価証券報告書の提出日までに発生した後発事象についての経営者の対応には、次のような場合が考えられる。 a. 経営者が、当該後発事象を反映させた財務諸表を新たに作成し、かつ、当該財務諸表を有価証券報告書で開示する場合（当該後発事象について、臨時報告書が作成されるときもある） b. 経営者が、当該後発事象について、「経理の状況」における「連結財務諸表等」または「財務諸表等」の「その他」に記載する場合 上記 a. の場合には、監査人は、後発事象に関する監査手続を実施しなければならず、したがって、当該財務諸表に対して新たに監査報告書を発行することになるので留意が必要である。

〔開示後発事象〕

分類	会 社 法 監 査	金融商品取引法監査
B—1 B—2	計算書類に注記するものとする。 計算書類に注記がない場合は、監査報告書において、監査意見に係る除外事項として記載する。	財務諸表に注記するものとする。 財務諸表に注記がない場合は、監査報告書において、監査意見に係る除外事項として記載する。
B—3	監査役が監査報告書にその事実を追加して記載する。	なお、金融商品取引法の監査報告書日後、有価証券報告書の提出日までに発生した後発事象についての経営者の対

B―4	いずれの書類によっても開示は事実上不可能である。 なお、株主総会において取締役から報告することが考えられる。	応には、次のような場合が考えられる。 a. 経営者が、当該後発事象を反映させた財務諸表を新たに作成し、かつ、当該財務諸表を有価証券報告書で開示する場合（当該後発事象について、臨時報告書が作成されるときもある） b. 経営者が、当該後発事象について、「経理の状況」における「連結財務諸表等」または「財務諸表等」の「その他」に記載する場合 上記a. の場合には、監査人は、後発事象に関する監査手続を実施しなければならず、したがって、当該財務諸表に対して新たに監査報告書を発行することになるので留意が必要である。

（出所）　監査・保証実務委員会報告第76号「後発事象に関する監査上の取扱い」［付表1］を一部修正の上作成

法的根拠

監査・保証実務委員会報告第76号「後発事象に関する監査上の取扱い」

質疑-165　組織改革の決定と後発事象

　新聞報道によると、決算日後の取締役会において当社の組織改革が決定されたとのことです。この組織改革は当社の長年の懸案であり、これが実現すれば当社にとっては経営上大きな効果が期待できます。重要な後発事象として注記されていませんが、これだけの事項が重要でないと判断されたのですか。

応答-165

　組織改革は、当社にとって極めて重要なものです。ただし、翌期以降の財産または損益に重要な影響が生じるものではないことから、計算書類の注記表ではなく、事業報告の「株式会社の状況に関する重要な事項」（招集通知の添付書類○○ページ）として記載しています。

キーワード

会計事象
非会計事象

【解説】

　注記表として開示することが求められているのは、「財産または損益に重要な影響を及ぼす事象」と規定されていることから、重要な後発事象のうちの会計事象である。重要な後発事象のうち非会計事象については、事業報告の「当該株式会社の状況に関する重要な事項」（会社法施行規則118条1号）として開示することが求められていると解されている（注）。

　（注）　弥永真生「コンメンタール　会社計算規則・商法施行規則（第2版）」商事法務、609〜610頁。

法的根拠

会社法施行規則118条 1 号

14. 連結配当規制適用会社に関する注記

質疑-166　連結配当規制適用会社を選択する理由

　計算書類の注記をみると、当社が連結配当規制適用会社となる旨が記載されています。連結配当規制適用とはどのような意味ですか。また、当社はなぜ選択したのですか。

応答-166

　連結配当規制とは、連結剰余金が当社単体の剰余金よりも少ないときに、この差額を当社の剰余金の分配可能額から控除するという内容の制度です。会社法では、連結計算書類作成会社については会社の選択によりこの制度の適用を受けることができるとされています。

　当社は、配当財源を連結ベースで算定することにより、当社を中心とする企業グループ全体の財務状況を勘案した透明性の高い配当政策を採用したいと考え、連結配当規制の適用を受けることといたしました。

キーワード

連結配当規制適用会社

【解説】

　連結配当規制適用会社に関する注記は、当該事業年度の末日が最終事業年度の末日となる時後、連結配当規制適用会社となる旨である（会社計算規則115条）。

　連結配当規制適用会社とは、剰余金の分配可能額の算定につき会社計算規則158条4号の規定を適用する旨を当該事業年度に係る計算書類の作成に際して

定めた株式会社（ある事業年度に係る連結計算書類を作成しているものに限る）をいう（会社計算規則2条3項51号）。

　剰余金の分配可能額の算定について省令委任されている会社計算規則158条4号は、この規定の適用を受けるものと定めた会社につき適用される。そのような定めをした株式会社についての開示事項となる。

　なお、連結配当規制適用会社となるメリットが2つある。1つは、親会社が連結配当規制適用会社であって、かつ、親会社を存続会社、子会社を消滅会社とする吸収合併等をする場合において、合併差損等が生じる場合であっても、合併差損等はないものとして簡易組織再編も適用できるし、取締役の株主総会における説明義務も課されない（会社法施行規則195条3〜5項）。もう1つのメリットは、親会社が連結配当規制適用会社である場合、子会社は当該親会社の他の子会社が保有する親会社株式を取得することができる（会社法施行規則23条12号）。親会社株式の処分時期について、相当の時期に処分すべきとの規制は受けない。特に前者については、株主総会の開催コストを考えたときに、連結配当規制適用会社となることにより株主総会の開催を省略できる場面が生じ得ることから、費用の節減メリットが発生するケースもあり得る。

法的根拠

会社計算規則2条3項51号、115条、158条4号
会社法施行規則23条12号、195条3〜5項

質疑-167　連結配当規制適用会社を選択しない理由

当社は、なぜ連結配当規制を適用しないのですか。

応答-167

応答例1

　連結配当規制は、単体の剰余金の額が連結の剰余金の額を上回るなどの状況から、企業グループ全体の財務状況をより健全化する必要がある場合に、会社の選択によって適用することを認める制度です。当社は、お蔭様で連結の業績が良好なため、連結配当規制の適用を受けても剰余金の分配可能額に変化はなく、同制度の適用を受ける必要がない状況でございますので、適用しておりません。

応答例2

　連結配当規制を適用したとした場合の剰余金の分配可能額を試算しましたところ、当社の配当および内部留保に大きく影響することはありません。今のところ適用する予定はありませんが、今後の連結計算書類および単体の計算書類の剰余金の変動状況如何によっては、適用を受けるかどうかについて慎重に検討を行った上で判断いたしたいと考えています。

キーワード

連結配当規制適用会社

【解説】

　連結配当規制とは、連結剰余金が当社単体の剰余金よりも少ないときに、この差額を当社の剰余金の分配可能額から控除するという内容の制度であるため、その差損額が一定の額でなければ適用しても剰余金の分配可能額にそれほ

ど影響しない。

　適用してもまったく影響のない会社を想定した応答例と、影響はあるが多額
ではない会社を想定した応答例をそれぞれ示している。

法的根拠

会社計算規則158条 4 号

15. その他の注記

質疑-168　その他の注記の記載の要否

当社の計算書類をみると、「その他の注記」がほとんど記載されていません。規則に個別に規定されているもののほか、会社の財産または損益の状態を正確に判断するために必要な事項を注記しなければならないという規定があるのですから、それがまったく記載されていないというのはおかしいと思います。

応答-168

当社としましては、法務省令に個別に規定されている以外の重要事項については注記が必要であるとの認識のもとで検討を行っておりますが、計算書類に記載があるものおよび重要性の乏しいものについて注記しないこととしたため、その他の注記については結果として記載していません。必要な事項が記載されていないということは決してありません。

キーワード

追加情報

【解説】

「その他の注記」は追加情報といわれるものであり、株主および債権者等の利害関係者が会社（または企業集団）の財産および損益の状態を正確に判断するために必要と考えられる事項を適宜注記しなければならないという趣旨である。

　会社計算規則において注記表として規定されていない事項であっても、利害関係者の判断にとって必要と考えられるものであれば、開示すべきであると考えられる。会計基準等に定めがあって、会社計算規則に定めがないもの、たとえば有価証券に関する注記、デリバティブ取引に関する注記、退職給付に関する注記、固定資産の減損に関する注記、企業結合・事業分離等に関する事項の注記、ストック・オプションに関する注記、資産除去債務に関する注記などは、利害関係者の判断にとっての重要性を勘案して、記載すべきかどうかの判断が必要であると解される。

　また、会計監査人非設置会社の場合、注記表の一部の記載を省略することができるが、規定上省略できるものであっても、利害関係者の判断にとって必要と考えられるものであれば、その他の注記として開示すべきであると考えられる。

法的根拠

会社計算規則116条

附属明細書に関する質疑応答

質疑-169　附属明細書の記載事項

> 附属明細書を閲覧したところ、固定資産の明細、引当金の明細および販売費及び一般管理費の明細しか記載されていませんでした。計算書類の内容を補足する重要な事項が記載されているはずと思い閲覧したのに、これでは閲覧する意味があまり感じられません。法令上は、直接規定されていない項目でも重要なものがあれば記載することになっているはずですが、重要性の判断はどのように行っているのですか。

応答-169

> 法務省令において個別的に規定されている以外の項目で、計算書類の内容を補足する重要な事項があれば記載いたしますが、特に該当するものがございませんでしたので記載しておりません。会計監査人からも問題ないとの判断をいただいております。

キーワード

計算書類の内容を補足する重要な事項

【解説】

　会社法においては、公開会社における事業報告および注記表の内容は、詳細

なものとなっている。間接開示である附属明細書の記載事項から、直接開示である事業報告や注記表に移行したものも少なくない。重要な事項は、極力事業報告および注記表の記載事項とされている。附属明細書の記載事項は必要最小限のものが直接規定されている。それは、附属明細書が株主に直接提供されるわけではなく、実際に閲覧に供される機会も少ないにもかかわらず、作成に要する実務負担が大きいという指摘がみられたことによるものである。会社法では相当の簡素化が図られており、問題に対する一定の解決がされたという見方ができる。

　当該事業年度において、計算書類を補足するその他の重要事項が何であるかは、ケース・バイ・ケースであり、一概にいえないが、たとえば投資不動産が投資その他の資産に計上されている場合、「有形固定資産及び無形固定資産の明細」（会社計算規則117条１号）の規定上は開示不要ということになっているが、その処分や減価償却費の明細を開示することに一定の意義があると考えられ、その他の重要事項として開示することが望ましいと考えられる。この点、日本公認会計士協会の会計制度委員会研究報告「附属明細書のひな型」においても、「投資その他の資産に減価償却資産が含まれている場合には、当該資産についても記載することが望ましい」としている。

法的根拠

会社計算規則117条本文後段
日本公認会計士協会・会計制度委員会研究報告「附属明細書のひな型」

関連事例

【質疑】附属明細書を閲覧しましたが、簡略過ぎてほとんど参考になりません。このような開示内容では、問題があるのではないですか。どのような方針に基づいているのですか。

【応答】法務省令が、直接開示書類である事業報告および計算書類の注記表に重要事項が極力記載されるように定めていますので、附属明細書は記

載事項が簡素化されているものです。法令の規定に従った適正な開示を行っております。

質疑-**170**　役員報酬等の明細

　事業報告において、取締役および監査役の別に役員報酬等の総額が記載されています。適正な報酬水準であるかどうかが、総額の開示では不明です。その個人別の明細を附属明細書で開示すべきではないですか。

応答-**170**

　役員報酬等については、法令上、取締役、監査役の別に総額を開示することでまったく問題ありません。個人別の報酬等の開示についてまではご容赦願います。

キーワード

総額開示と個人別開示

【解説】

　事業報告における当該事業年度に係る会社役員の報酬等について、次の①から③までに掲げる場合の区分に応じ、当該①から③までに定める事項を開示しなければならないと規定されている（会社法施行規則121条4号）。

① 　会社役員の全部につき取締役、会計参与、監査役または執行役ごとの報酬等の総額を掲げることとする場合：取締役、会計参与、監査役または執行役ごとの報酬等の総額および員数

② 　会社役員の全部につき当該会社役員ごとの報酬等の額を掲げることとする場合：当該会社役員ごとの報酬等の額

③　会社役員の一部につき当該会社役員ごとの報酬等の額を掲げることとする場合：当該会社役員ごとの報酬等の額ならびにその他の会社役員についての取締役、会計参与、監査役または執行役ごとの報酬等の総額および員数

①は総額開示、②は個人別開示、③は一部個人別開示の方法を定めているものであり、そのいずれの方法によっても問題ないとされている。ほとんどの会社が、①の総額開示の方法を採用している。

事業報告において総額開示の方法を採用しているからといって、附属明細書において個人別開示を行う必要はない。また、仮に個人別開示を行うのであれば、会社法施行規則121条4号の規定に基づき、事業報告で行うべきものと解される。

法的根拠

会社法施行規則121条4号

質疑-171　交際費の内容

附属明細書を閲覧したところ、交際費が○億円記載されていました。本当に効果が上がる支出なのかどうかが不明です。その主な内容を教えてください。

応答-171

交際費については、当社の事業活動上効果の期待できるものに限定して支出を行っています。承認体制も整備されているだけでなく、監査役の監査によるチェックも受けています。したがいまして、株主総会の場においてその内容の説明はご容赦願います。

キーワード

交際費の内訳

【解説】

　交際費の内訳についての詳細な説明は必要ないと考えられる。交際費の総額を説明した上で、そのすべてが営業目的に正当に使用されたとする説明で説明義務として十分であることを示したものとして、大阪地裁・平成元年4月5日の判例（資料版商事法務61号、15頁）がある。

法的根拠

大阪地裁・平成元年4月5日の判例（資料版商事法務61号、15頁）

質疑-172　無償の利益供与（寄付金等）の監査

　寄付金などの無償の利益供与については、どのような方法で監査を行っているのですか（監査役に対する質問）。

応答-172

　無償供与等の支出につきましては、伝票や無償の利益供与が含まれる可能性のある費目の支出明細などを日常的にチェックしております。必要な場合には、役職員から報告を受けて、その適正性について確かめています。

キーワード

無償の利益供与

【解説】

　平成18年改正前商法施行規則では、大会社の監査報告書には、会社が無償でした財産上の利益の供与（反対給付が著しく少ない財産上の利益の供与を含む）につき取締役に義務違反があるときは、この事項に関する記載は他と区別しなければならず、かつ、その監査の方法の概要を記載しなければならないとされていた（旧商法施行規則133条1項2号）。

　その関係から、附属明細書の「販売費及び一般管理費の明細」には、会社が無償でした財産上の利益供与に関し監査役または監査委員が監査をするについて参考となるように記載が行われる必要があるとされていた（旧商法施行規則108条3項）。

　しかし、監査役は、事後的に無償の利益供与に関する監査を行うのではない。すなわち、無償の利益供与の取消しを事後的に求めることが困難であることから考えて、事前監査を行うべきであると考えられている。したがって、附属明細書に参考となるように記載するとの規定は廃止された。

　監査役、監査等委員または監査委員が監査を行うために必要な資料、たとえば無償の利益供与が含まれる可能性のある費目の支出明細などを監査役、監査等委員または監査委員に事前に提出する必要があると解される。

法的根拠

会社計算規則117条3号

6

会社法の会計に関する
質疑応答

質疑-173　増配幅に関する説明

　当期は前期よりも業績が相当回復しており、増配に係る議案が付議され
ていますが、業績の改善度合いからみれば増配幅が小さいように思われま
す。株主に対してもっと還元すべきではないですか。

応答-173

応答例1

　配当の水準については、一定の配当方針を定めて、それに基づいて決定
しております。今後の成長分野としての重点地域であるアジアへの進出に
必要な事業投資資金などを考慮した場合に、一定の内部留保を確保してお
くことが必要不可欠であると判断した結果、今回の配当議案をご提案する
ものです。今後の業容拡大のために現時点において一定の内部留保を行う
ことは必要不可欠であり、将来の業績に反映された時点で株主の皆様には
十分に還元できるものと考えておりますので、何とぞご理解賜りますよう
お願いいたします。

応答例2

　今後の業績に不確定要因もあり、不測の事態に備えて一定の内部留保を
確保しておくことが必要と判断したものです。引き続きさらなる増配に向
けて努力していく所存でございますので、何とぞご理解賜りますようお願
いいたします。

キーワード

内部留保の確保

株主に対する還元

【解説】

　配当の水準については、一定の配当方針・配当政策を定め、その方針に則り行っていくことが求められる。

　配当政策は、内部留保との関係で考慮されることが考えられる。税引後当期純利益から配当を控除した残額が内部留保となるが、将来の事業投資資金のために内部留保を手厚く確保しようとするほど、結果として配当額は一時的に減少する関係になる。しかし、将来の事業投資が成功すれば、その結果として将来の配当額も増加することになるため、株主に対してその点納得を得られるように説明する必要があると考えられる。

　また、将来の業績に不確定要因がある場合には、一定の内部留保を行い、不測の事態に備えて手元流動性を確保しておく必要性が生じ得る。

法的根拠

会社法454条1項

質疑-174　無配に関する説明

当期はなぜ無配に転落したのでしょうか。役員としての経営責任はどうなるのですか。

応答-174

当期の経営環境は予想以上に厳しく、業績の状況から、配当を見送らざるを得ないものと判断いたしました。経営努力を最大限尽くしたと考えておりますが、原材料価格の上昇により業績が伸び悩みました。来期以降は、さらなる営業努力と為替リスクのヘッジも含めた財務政策の効果も生じる見込みです。復配に向けて最大の努力を尽くしていく所存でございます。

キーワード

無配

復配

減配

【解説】

無配の場合は、業績の状況から配当を見送らざるを得ない点、および復配に向けて最大限努力していく旨を説明することが考えられる。

また、減配の場合は、株主総会における剰余金の配当に係る議案の承認（会社法454条1項）が必要になるが、配当方針に従った適正な金額であることの株主の理解を得る必要があるため、業績の状況等から妥当な金額である旨の説明を行うことが考えられる。

会社法454条1項

質疑-175　連結業績と配当

当社単体の業績はあまり芳しくありませんが，連結ベースの業績はある程度好調です。当社の配当は連結の業績を加味すればできるのではないですか。

応答-175

当社は、当社単体の利益状況に基づいて安定的な配当を行うことを方針としています。会社法では、当社単体の剰余金の額から所定の金額を加算・減算して計算した分配可能額の範囲内で配当すべきこととされており、当社ではそのような法の趣旨を踏まえ、単体ベースでの配当基準を考えています。当期は、経営環境が予想以上に厳しく、業績の状況から、配当を見送らざるを得ないものと判断いたしましたので、何とぞご理解をお願いいたします。

なお、連結子会社の好業績は、当該子会社から当社への配当等を通じて、結果的には株主皆様へ還元されるものでございますので、ご理解をお願いいたします。

キーワード

剰余金の分配可能額
連結配当規制適用会社

【解説】

　剰余金の分配規制を連結ベースで行うという意見は従来からある。すなわち、単体ベースの剰余金の分配規制のもとでは、子会社を通じた利益操作が可能であるとすれば、利益操作により親会社の利益をより多く計上し、それを原資とした配当を行うこともできる弊害が考えられるからである。その場合、企業グループ全体の財産および損益の状態を反映した連結ベースで剰余金の分配可能額を算定し、その範囲での配当に制限すれば、このような行為を規制することができる。

　しかし、会社法は債権者を保護することを重要な目的としており、連結ベースの配当規制ということになると、個々の会社の債権者保護が十分に図られないという問題が生じ得る。債権者保護は、個別の企業対債権者の問題であり、親会社の債権者の利害と子会社の債権者の利害が対立することも考えられるからである。したがって、個別の企業ごとに剰余金の分配可能額を定めることがその目的には適っている。

　また、連結ベースの配当規制を行うとなれば、すべての会社に連結計算書類の作成を義務づけなければならなくなり、実務的に困難であるという問題もある。

　このような理由から、剰余金の分配規制は、単体（個別）の計算書類における剰余金の額をベースとして算定される剰余金の分配可能額の範囲という仕組みが採用されているのである。

　なお、会社法においては、連結計算書類作成会社は、連結配当規制適用会社となることを選択することができるものとされており（会社計算規則2条3項51号）、連結配当規制適用会社を選択した場合は、連結の剰余金が単体の剰余金よりも少ないときに、この差額を剰余金の分配可能額の算定上控除することになる（会社計算規則158条4号）。選択した場合は、一定の注記が必要になる（会社計算規則115条）。

法的根拠

会社法461条

会社計算規則 2 条 3 項51号、115条、158条 4 号

質疑-176 剰余金の分配可能額

会社法においては年に何度でも配当ができるようですが、当社の剰余金の分配可能額はいくらですか。

応答-176

当社の剰余金の分配可能額は当期末時点で○○億円です。これは剰余金の額をベースとしつつ、法令が要求する一定の調整を行って算出されています。

キーワード

剰余金の分配可能額

【解説】

剰余金の分配可能額の金額を問う質問であれば、その金額を説明する程度で十分である。一方、その基礎数値に関する詳細な質問については、剰余金の分配可能額を算出するための基礎数値は監査において確認されているため、特定事項を指摘した質問が行われた場合を別として、詳細な説明は不要と考えられる。

法的根拠

会社法446条、461条 2 項

会社計算規則149条、150条、156条、157条、158条

7

監査役に対する質疑応答

　本章の質問については、議長などが対応することが想定されるものも少なくないが、監査役にも関連する事項として取り上げている。

I　会計監査人に関する質疑応答

質疑-177　会計監査人の再任、不再任

　平成26年の会社法改正により、会計監査人の選解任等に関する議案の内容の決定を取締役会ではなく監査役会が行うものとされました。今回は、監査役会が決定したということですか。どのような判断に基づいて再任としたのか、説明してください。

応答-177

　会社法に基づき、会計監査人の再任、不再任に係る決定は、監査役会が行っております。日本監査役協会から公表されている「会計監査人の選解任等に関する議案の内容の決定権行使に関する監査役の対応指針」および「会計監査人の評価及び選定基準策定に関する監査役等の実務指針」に基づき、適切に判断しております。監査法人の品質管理、独立性、監査報酬等の内容・水準、監査役等とのコミュニケーション、経営者等との関係、海外のネットワーク、不正リスクへの対応等の観点から総合的に判断し、会計監査人の再任が適当と判断いたしました。

キーワード

会計監査人の選解任等に関する議案の内容の決定

【解説】

　平成26年6月27日付で公布された会社法の改正により、会計監査人の再任・不再任等の判断を取締役会ではなく、監査役（会）が行うものとされた（会社法344条）。日本監査役協会から公表されている「会計監査人の選解任等に関する議案の内容の決定権行使に関する監査役の対応指針」（平成27年3月5日）および「会計監査人の評価及び選定基準策定に関する監査役等の実務指針」（最終改正：平成29年10月13日）に示されている内容などを参考として、適切に判断している旨を回答することが考えられる。

　会計監査人を再任するかどうかの判断においては、会計監査人の能力（専門性）、組織および体制（審査の体制を含む）、監査の品質、独立性等を総合的に勘案して判断することになると考えられる。

　また、監査役（会）が「会計監査人の不再任の決定の方針」（会社法施行規則126条4号）を定め、その内容が事業報告に記載される。

　コーポレートガバナンス・コードにおいて、監査役会は会計監査人を評価する基準を策定し、独立性と専門性を確認することとされている。この取扱いを考慮すると、何らかの評価基準を策定しておくことが考えられる。

法的根拠

会社法344条

改正法附則15条

日本監査役協会「会計監査人の選解任等に関する議案の内容の決定権行使に関する監査役の対応指針」

日本監査役協会「会計監査人の評価及び選定基準策定に関する監査役等の実務指針」

質疑-178　会計監査人の継続

現在の会計監査人は就任してから何年くらいになりますか。一定の年数
ごとに交代したほうがよいのではないですか。

応答-178

○○監査法人を選任してから○○年になります。会計監査人としての経
歴、能力、独立性等については問題ないものと存じます。また、一定の周
期での会計監査人の変更というご提案につきましては、新規の監査法人を
改めて選任するということになりますと、従来からの監査との継続性の問
題もあり、また、当社の事業内容等に精通するまでに一定の時間を要する
などの問題も考えられます。現在の○○監査法人のもとで一定の周期ごと
に業務執行社員の交代もありますので、癒着などの問題も特にないと考え
られることから、現在のままで問題ないと考えています。

そのような考え方から、当社は事業報告記載の会計監査人の解任または
不再任の決定の方針を策定していますので、ご理解いただければと思いま
す。

【キーワード】

監査の継続性の確保
業務執行社員の交代

【解説】

会計監査人の選任または解任に関する議案（会社法329条1項、339条1項）が
提出されていない場合は、会議の目的事項とは直接関連性のない質問というこ
とになるが、最近では監査に対する社会の見方・認識が厳しくなっていること

から、想定される質問といえる。

　監査法人を交代することについては、監査の継続性の確保の問題などからデメリットが生じ得る。また、公認会計士法の規定により、監査法人の社員については7会計期間、業務を執行する社員のうちその事務を統括する者その他の内閣府令で定める者（筆頭業務執行社員等）については5会計期間を超えて監査関連業務を行ってはいけないという規制が置かれているため、癒着や不正の防止が図られている。

法的根拠

会社法329条1項、339条1項
公認会計士法34条の11の3、34条の11の4

会計監査人の監査報酬に関する質疑応答

質疑-179　監査報酬の水準

　事業報告の会計監査人の報酬の金額を見ると、○○百万円と記載されています。当社の業績は厳しく、経費の節減を相当進めてきたようですが、他法人の見積りをとるなどの方法により監査報酬について値下げの交渉はしているのですか。安易に提示された報酬額に同意しているのではないですか。

応答-179

　監査業務は会計の専門家としての知識に基づいて年間を通して継続的に行っていただく重要な業務であり、また当社の事業内容をよく理解した上で行っていただく必要がありますので、単に安ければどの監査法人でもよいという性質のものではないと考えております。会計監査人の監査の内容等から、必要な監査時間や工数等を考慮した結果、現在の報酬水準は妥当なものと考えています。その点については、監査役会の同意も得ております。

キーワード

監査報酬の水準

【解説】

　各企業においては経費の削減努力がなされている。しかし、会計監査人の報酬等については、その職務内容に見合った適正な金額が支払われるべきであり、安易な値下げが監査の質を低下させる要因になるようなことはあってはならないと考えられる。

　また、監査報酬については、取締役と会計監査人との合意により決定されるが、取締役は、会計監査人または一時会計監査人の職務を行うべき者の報酬等を定める場合には、監査役（監査役が２人以上の場合は、その過半数）の同意を得なければならないとされている（会社法399条１項）。また、監査役会設置会社の場合は監査役会の同意、監査等委員会設置会社の場合は監査等委員会の同意、指名委員会等設置会社の場合は監査委員会の同意が必要である（同条２項、３項、４項）。会計監査人の監査報酬等がその職務内容から不適正であると判断される場合には、監査役等による一定のチェックがされることも期待し得る。

法的根拠

会社法399条１項、２項、３項、４項

質疑-180　非監査業務の独立性

> 事業報告に非監査業務についての記載があるが、監査の独立性の観点から、問題はないのですか。

応答-180

監査法人は、監査業務以外にも法令の制限に抵触しない範囲で業務を行うことが認められており、当社が会計監査人に依頼している非監査業務についてもこのような法令の制限には抵触しません（また、○○監査法人の監査担当部署と非監査業務を請け負った部署はまったく別個独立の部署であります。したがって、会計監査人の独立性を損うという問題もありません）。

キーワード

非監査業務の内容

【解説】

会社法施行規則では、会計監査人に対して非監査業務の対価を支払っているときは、事業報告にその非監査業務の内容を開示しなければならないと規定されている（会社法施行規則126条3号）。「非監査業務の内容」と規定されており、金額まで開示することは求められていない。

法的根拠

公認会計士法24条の2、34条の11の2
公認会計士法施行令8条、9条

質疑-181　会計監査人の報酬に係る監査役会の同意

　会計監査人の報酬についての同意をいつの時点でどのような手続で行っているのですか。また、報酬の妥当性については、どのように検証しているのですか。

応答-181

応答例1

　当社監査役会は、取締役会、社内関係部署および会計監査人からの必要な資料の入手や報告の聴取を通じて、会計監査人の監査計画の内容、従前の事業年度における職務執行状況や報酬見積りの算出根拠などを総合的に検討した結果、会計監査人の報酬等につき、会社法399条1項の同意を行っております。

応答例1

　当社監査役会は、日本監査役協会が公表する「会計監査人との連携に関する実務指針」を踏まえ、監査項目別監査時間および監査報酬の推移ならびに過年度の監査計画と実績の状況を確認し、当事業年度の監査時間および報酬額の妥当性を検討した結果、会計監査人の報酬等につき、会社法399条1項の同意を行っております。

キーワード

会計監査人の報酬に係る同意

【解説】

　取締役は、会計監査人の報酬等を定める場合には、監査役（監査役が2人以上の場合は、その過半数）の同意を得なければならない（会社法399条1項）。ま

た、監査役会設置会社の場合は監査役会の同意、監査等委員会設置会社の場合は監査等委員会の同意、指名委員会等設置会社の場合は監査委員会の同意が必要である（同条2項、3項、4項）。

　会計監査人の独立性を高める観点から、このような監査役会、監査等委員会または監査委員会の関与に関する規定が設けられている。また、監査役会、監査等委員会または指名委員会等を設置しない株式会社であっても、会計監査人を設置するケースが生じるため、その場合は、報酬の決定に関する同意権限の行使は監査役の過半数を基準に判断されることになる。

法的根拠

会社法399条1項、2項、3項、4項

　会計監査人との連携に関する質疑応答

質疑-182　監査役と会計監査人の連携

監査役と会計監査人は、会社の会計に関する監査機関としていずれも重要な役職です。監査役もしくは監査役会と会計監査人との間で、どのような監査体制の連携を図っているのですか。いままで両者間の意見の違いはあったのですか、その場合の調整方法はどうなっているのですか。

応答-182

会計監査人とはしばしば意見の交換、情報の聴取等を行い、必要に応じて監査に立ち会うなど連携を図っており、この点は以前と変わっていません。会計監査人との間に細目において意見の違いを生じたことはございますが、その都度討議を行い解決しております。監査役会と会計監査人との間に有効なコミュニケーションが確保されていると認識しております。

キーワード

監査役と会計監査人の連携

【解説】

会社法では、「会計監査人は、その職務を行うに際して取締役の職務の執行に関し不正の行為または法令もしくは定款に違反する重大な事実があることを

339

発見したときは、遅滞なく、これを監査役に報告しなければならない」と規定されている（会社法397条1項）。また、「監査役は、その職務を行うため必要があるときは、会計監査人に対し、その監査に関する報告を求めることができる」と規定されている（同条2項）。会計監査人は、監査役等が会計監査人の監査の方法と結果の相当性を判断するために、必要かつ十分な情報提供と説明義務を果たさなければならないと考えられるからである。

　実務上は、法律に規定されていない領域においてどのような連携を図るかが重要であり、これについては日本監査役協会が公表している「会計監査人との連携に関する実務指針」（最終改正平成30年8月17日）が実務上の指針になり得る。本実務指針には、会計監査人との連携に関する基本的な取扱い・考え方、連携の具体的な例示が示されている。また、日本監査役協会・日本公認会計士協会が共同でまとめた「監査役等と監査人との連携に関する共同研究報告」（最終改正平成30年1月25日）も参考になるものと思われる。本共同研究報告には、連携の時期、情報・意見交換すべき基本的事項について例示がまとめられている。

法的根拠

会社法397条1項、2項

日本監査役協会「会計監査人との連携に関する実務指針」（最終改正平成30年8月17日）

日本監査役協会・日本公認会計士協会「監査役等と監査人との連携に関する共同研究報告」（最終改正平成30年1月25日）

Ⅳ　四半期財務諸表のレビューに関する質疑応答

質疑-183　四半期決算の正確性の確保

　　金融商品取引法に基づく四半期報告書制度が導入されているが、その決算の正確性を確保するための体制はどのようになっているのですか。四半期開示資料の正確性の観点からおうかがいします。

応答-183

　　法律に準拠して監査法人のレビューが行われております。また当社としても業務の効率化を中心とした経理部門の充実を図ることにより、集計と四半期決算作業の時間を短縮し、また、監査スタッフを増員することで監査体制の充実とスピードアップを図ってまいりましたので、四半期開示資料の正確性は問題ございません。

キーワード

（四半期財務諸表の）レビュー
経理部門の充実

【解説】

　平成20年4月1日以後開始する事業年度から、金融商品取引法に基づく四半期報告書制度が導入されている。決算の早期化の要請の中で、四半期決算の正

確性をどのように確保しているのかが各社の課題であると考えられる。

　四半期財務諸表は、監査人のレビューの対象であることは当然として、経理部門をはじめとした社内体制の整備について説明する必要があると考えられる。企業によっては、間接部門の人員を減少させていることも考えられ、決算の正確性について株主としても関心を寄せる可能性がある。

Ⅴ　子会社の監査に関する質疑応答

質疑−**184**　子会社の監査の方法（海外子会社も含めて）

　子会社の監査については、海外子会社も含めて、具体的にどのように行っているのですか。

応答−**184**

　子会社の監査については、子会社の監査役、海外子会社についてはその国の法制上監査すべき担当の者が監査を実施していますので、当社が監査を行うことはありません。しかし、当社の監査を行うために必要があるときは、会社法の規定に従い子会社調査権を行使して適宜情報収集をしています。

　ご質問の海外子会社についても子会社である以上、会社法の定める監査役の調査権が及ぶと解釈されていますが、他方で、当該外国法人たる子会社が親会社の監査役の調査に服する義務があるかどうかについては法律上難しい問題があるようです。

　そこで当社では当社の監査役から要請があった場合は、取締役から子会社取締役会に対して当社監査役の監査に応じるように適宜指示することにより協力を仰いでいる次第です。あるいは、当該子会社に当社から派遣された取締役その他従業員がいる場合には、適宜ヒヤリングを実施することにより必要な範囲で調査を行っています。

（注）　監査のための必要な調査ができなかったときは、監査報告の記載事項と
　　　されているため、その記載と齟齬がないように回答する点にも留意が必要。

キーワード

子会社調査権

【解説】

　子会社については子会社の監査役が監査を行うが、親会社の監査役はその職
務を行うために必要があるときは、会社法の規定に従い、子会社に対して事業
の報告を求め、または子会社の業務・財産の状況を調査することができる（会
社法381条3項）。粉飾決算や自己株式取得規制に係る違反行為について子会社
を利用するケースがあり得る点、親会社が持株会社である場合は子会社の情報
が必要不可欠であることなどから、このような子会社調査権が認められている。

　海外子会社については、会社法上、子会社調査権が及ぶと解されているが、
必ずしも外国法人である子会社が親会社の監査役の調査に応ずる義務はない。
したがって、親会社取締役が子会社取締役会に対して監査に応じるように指示
するなど、協力を仰ぐ対応も考えられるところである。親会社取締役の協力が
ないと必要な調査ができない可能性もあり、その場合監査役は、監査報告に必
要な調査ができなかった旨およびその理由を記載する（会社法施行規則129条1
項4号）。

法的根拠

会社法381条3項
会社法施行規則129条1項4号

質疑-185　子会社監査役との連携

子会社の監査役との連携については、具体的にどのような対応を図っているのですか。

応答-185

当社においては、グループ監査役連絡会という会合を定期的に開催して、子会社との緊密な連携を図っています。具体的に、グループ監査役連絡会において、当社グループの監査基本方針、重点監査事項について説明し、子会社監査役に周知徹底を図っています。その上で、当社の主要子会社等の監査計画の調整を行っています。その後は、これらに基づき監査事項の実施状況の報告をし、各社の監査業務に関する情報交換に努め、必要に応じて対応措置について協議しています。

また、必要に応じて、グループ監査役連絡会とは別に、各子会社監査役との個別の連絡会を開催することによって、一層緊密な連携を図っています。

キーワード

子会社監査役との連携

【解説】

監査役は、その職務遂行にあたり、必要に応じて、当該株式会社の他の監査役、当該株式会社の親会社および子会社の監査役その他これらに相当する者との意思疎通および情報交換を図る努力義務が課せられている（会社法施行規則105条4項）。監査の効率化および実効性の確保の観点から、このような努力規定が定められているものと考えられる。

　監査役間での分担を行うことも考えられるし、また、関係会社株式の金額の適正性、売上および仕入（売掛債権および買掛債務）の金額の適正性を監査するうえで、親会社および子会社に関する情報も必要であり、そのような意思疎通・情報交換を図ることにより、必要な情報が得られるように対応することが求められるからであると考えられる。

法的根拠

会社法施行規則105条4項

質疑–**186**　KAM に対する監査役としての対応

　当社の監査上の主要な検討事項（以下、「KAM」）は、どのような手続を経てどのような内容が決定されたのでしょうか。その過程で、監査役は監査人とどのようなコミュニケーションを図ったのでしょうか。

応答–**186**

　監査人は、財務諸表の監査の過程で監査役とコミュニケーションを行った事項の中から監査上特に注意を払った事項を選定し、その中から職業的専門家として特に重要であると判断した事項を KAM として決定します。監査人は、期初の監査計画策定の段階で KAM の候補を選定し、期中の監査活動の進捗状況を反映して適宜見直し（追加、絞り込み、入替え）を検討してきました。そのような監査人による KAM の選定作業の中で、監査役としても監査人の意見を聴取し、情報の共有を図ってきました。

　監査人による KAM 候補の見直しは、監査の過程で随時行われるものであり、監査人が監査計画の前提として把握した事象や状況が変化した場合、あるいは監査の実施過程で新たな事実が発見された場合が見直しの契機と

なることが多いと思われます。監査役が監査人の監査に影響を及ぼすと判断した事象を監査人に伝達した場合も見直しの契機となることが考えられますので、監査役としては受け身の対応にならないように監査人と対応を図ってまいりました。

　なお、当事業年度における KAM の内容については、監査人の KAM が記載された監査報告書を含む当事業年度の有価証券報告書が未提出の段階ですので、差し控えさせていただきます。

キーワード

KAM（監査上の主要な検討事項）

【解説】

　金融庁から、平成29年6月26日付で「『監査報告書の透明化』について」と題する文書が公表された。監査報告書において、財務諸表の適正性についての意見表明に加え、監査人が着目した会計監査上のリスク等（監査上の主要な事項（Key Audit Matters: KAM））に関する情報を記載することが、監査報告書の情報価値を高め、会計監査についての財務諸表利用者の理解の深化、企業と財務諸表利用者との対話の充実、企業と監査人のコミュニケーションのさらなる充実等につながる意義があるとした上で、今後、企業会計審議会において具体的な検討を進めていくことが期待されるとされた。それを受けて、平成30年7月5日に、企業会計審議会より監査基準の改訂が公表された。この監査基準の改訂により、監査報告書に KAM が記載されることとされた。

　KAM の記載は、財務諸表利用者に対して、監査人が実施した監査の内容に関する情報を提供するものであって、監査報告書における監査意見の位置づけを変更するものではない。

　監査報告書の長文化への移行は、国際的な流れになっている。このような動きが生じている背景としては、従来の監査報告書はほとんどが適正意見であり、

定型文に基づくほぼ同じ内容になっているため、監査人がどのような点に着目
して監査したのか、そこでどのような判断が行われたのかについての財務諸表
利用者による理解が困難である、いわゆる「監査のブラックボックス化」を解
消してほしいという社会の要請があるものと考えられる。

　監査人は、監査意見を表明しない場合を除き、監査報告書に監査意見とは別
に独立した区分を設けて、以下の事項を記載する。

① 　KAM の内容
② 　KAM であると決定した理由
③ 　監査における監査人の対応

　監査人は、財務諸表の監査の過程で監査役、監査役会、監査等委員会または
監査委員会（以下、「監査役等」）とコミュニケーションを行った事項の中から
監査上特に注意を払った事項を選定し、その中から職業的専門家として特に重
要であると判断した事項を KAM として決定する。期初の監査計画策定の段階
で KAM の候補を選定し、期中の監査活動の進捗状況を反映して適宜見直し（追
加、絞り込み、入替え）が検討されることになる。

　監査人による KAM 候補の見直しは、監査の過程で随時行われるものであり、
監査人が監査計画の前提として把握した事象や状況が変化した場合、あるいは
監査の実施過程で新たな事実が発見された場合が見直しの契機となることが多
いと思われる。監査役等が監査人の監査に影響を及ぼすと判断した事象を監査
人に伝達した場合も契機となると考えられるが、リスクの先送りとならないよ
う監査役等は受け身にならずに能動的に対応することが望まれる。

　なお、有価証券報告書の監査報告書への記載が強制されるが、会社法に基づ
く会計監査人の監査報告書への KAM の記載は任意である。令和 2 年 3 月期は
早期適用が可能とされているが、会社法に基づく会計監査人の監査報告書に
KAM を記載しない場合は、令和 2 年 3 月期に係る定時株主総会の終了後に有
価証券報告書を提出することになる会社が大部分であることを考慮すると、定
時株主総会の時点ではまだ外部に開示されていないことが考えられる。その場
合は、回答例のように、内容についての回答は差し控えることが考えられる。

令和2年3月期に係る会社法に基づく会計監査人の監査報告書にKAMを記載している会社の場合は、次の質疑応答のように、内容についての一定の説明を行うことが考えられる。

法的根拠

監査基準・第四報告基準の七

質疑-**187**　会計監査人によるKAMの選定手続と監査の方法

　当社の会社法上の会計監査人の監査報告書を見ると、KAMとして、繰延税金資産の評価が記載されています。当社の繰延税金資産は○○○億円と多額ですが、どのような手続を経て、KAMとして選定されたのでしょうか。その手続に問題はありませんか。

　また、その評価について監査人はどのような手続により監査を行ったのか、監査役としては会計監査人の監査の方法と結果の相当性を判断する立場として、会計監査人によるKAMの選定手続と監査の方法について、どのようにお考えでしょうか。

応答-**187**

　期初の監査計画策定の段階から、候補の選定について、監査役、執行側、監査人との間で、十分な協議が行われています。監査役としても、当事業年度の監査計画の策定段階から、会計監査人との協議において、繰延税金資産の評価が監査上の重要項目であることは認識しております。その後の期中の監査人の監査活動の進捗状況を反映して適宜見直しが検討されましたが、監査役としても会計監査人からその検討状況の報告を適宜受けており、執行側も含めて情報の共有を図ってまいりました。監査役としては、

会計監査人による KAM の選定手続には問題がないと判断しております。

　会計監査人による繰延税金資産の評価に係る監査手続は、KAM にも記載のとおり、次のような方法で行われています。すなわち、会計監査人は、繰延税金資産の回収可能性の判断にあたり、税務の専門家を関与させ検討し、一時差異等のスケジューリングの検証を行っています。また、将来の課税所得の見積りの基礎となる事業計画について、取締役会により承認を受けた直近の予算との整合性を検証するとともに、過年度の事業計画の達成度合いに基づく見積りの精度を評価しています。

　また、会計監査人は、売上の成長見込みおよび原材料価格の市況推移の見込みについて、経営者と十分な議論を行っており、経営環境等の企業外部の情報および企業内部の情報との比較を行うことにより、将来の事業計画に一定のリスクを反映させた経営者による不確実性への評価について検討しています。

　監査役として、KAM の選定および記載内容を含めた会計監査人の監査の方法および結果を相当であると判断いたしました。

キーワード

KAM（監査上の主要な検討事項）

【解説】

　KAM の選定を行う会計監査人が株主総会で意見を述べることができるのは、会計監査人の出席を求める株主総会の決議がある場合に限られる（会社法398条1項、2項）。株主総会の決議が得られない場合も考えられるので、監査役等はそういった事態に備えて対応を想定しておく必要がある。例えば会社のビジネスモデルや将来の事業計画に関する事項であれば執行側が対応することになり、監査役等と監査人のコミュニケーションや監査役等の見解に関する事項であれば、監査役等が対応すべきこととなる。また、会社法に基づく会計監

査人の監査報告書に KAM の記載がある場合は、監査役等が行った KAM の内容の相当性の判断について監査役等に説明が求められることが考えられる。

　監査役等は KAM を選定する主体ではないので、監査人とのコミュニケーションの状況についての説明と監査役等としての見解を示すことが基本となる。また、会社法に基づく会計監査人の監査報告書に KAM が含まれている場合や有価証券報告書が定時株主総会前に提出されている場合は、それらに記載された KAM について監査役等としての見解も求められる可能性がある。

　なお、KAM が未公表の情報に関わる記述を含むことになるときは、監査人は執行側との十分なコミュニケーションにより、開示を求める対応が生じ得るが、監査役等が監査人の見解に同意している一方で、執行側が開示に難色を示している場合は、監査役等が必要に応じて、執行側に開示を促す対応も必要になる場面が生じると考えられる。

法的根拠

監査基準・第四報告基準の七
日本監査役協会「監査上の主要な検討事項（KAM）に関する Q&A 集」

会計・税務の時事問題に
関する質疑応答

質疑-188　増益企業における増配の要求

　当社の業績は好調に推移しており、当期は○○％の増益となりました。特に連結の当期純利益は前期比○○％の増加となっています。この利益は、まず株主に還元すべきであると思われます。今回の配当議案をみると、1株当たり15円となっています。増益割合から判断すれば、前期の1株当たり12円を大きく増配し、1株当たり20円くらいを期待していたのに、大変残念です。増配幅が小さいように思われますが、この点についていかがお考えですか。

　また、連結の業績がこれだけ好調なのだから、もっと思い切った株主還元をすべきだと考えます。どのような配当方針、配当政策をとっているのですか。

応答-188

　当社の事業計画では、ベトナムへの事業展開が順調に進行しており、今後ベトナムへのより積極的な事業投資を行う計画です。工場の建設や従業員の募集も順調に進行しています。この事業投資資金については、当初は銀行借入で賄う計画でしたが、予想以上の増収増益基調であり、営業キャッシュ・フローも増加しております。そのため、当初予定していた借入額を減少させる方針にいたしました。借入金の増加を抑えることが、当社の財務の健全性にもつながると判断したためです。今後の事業投資のためにも一定の資金を確保しておきたいと考えております。株主の皆様にもプラスになるものと認識しております。翌期以降さらなる増益が見込まれていますので、今後株主の皆様には十分に利益還元できると考えております。何とぞご理解賜りますようお願いいたします。

　なお、当社の配当政策としましては、会社法における剰余金の分配規制

が単体の剰余金の額をベースとしてそれに一定の調整を加えて剰余金の分配可能額を算定する仕組みを採用していることを考慮し、当社単体の業績をベースとして配当水準を判断する方針を採用しています。子会社の利益は親会社に配当として還元されておりますので、結果として皆様にも配当として還元されている実態にもなっております。どうかその点もご理解をお願いいたします。

キーワード

内部留保の確保

株主に対する還元

【解説】

　配当水準の決定については、一定の配当方針・配当政策を定め、その方針に則り行っていくことが考えられる。

　配当方針・配当政策は、内部留保との関係で考慮されるべきと考えられる。税引後当期純利益から配当を控除した残額が企業にとっての内部留保となるが、将来の事業投資資金のために内部留保を手厚く確保しようとすればするほど、結果として配当額は一時的に減少する関係になる。しかし、将来の事業投資が成功すれば、その結果として将来の配当額も増加することになるので、株主に対してその点について納得が得られるように説明する必要がある。

　また、将来の業績に不確定要因がある場合には、一定の内部留保を行い、不測の事態に備えて手元流動性を確保しておく必要性が生じ得る。

質疑-189　役員報酬の決定方針

当社の役員報酬の決定は、どのような手続で行われているのですか。本来、各役員の職務執行の対価として適正な金額が支払われる必要があると考えられますが、当社の場合、その点をどのようにして担保されているのですか。透明性・客観性に問題はありませんか。

応答-189

応答例１

当社の場合、取締役の報酬は、役位別の固定報酬と業績連動報酬としての賞与としています。固定報酬については、各役員の役位や職責に応じた額を取締役会の決議により決定していますが、役位・職責に応じた額がほぼ固定されており、また、同業他社と同水準の額であり、恣意性が入る余地はありません。

また、業績に応じた報酬として、役員賞与について株主総会のご承認をいただいた上で、支給されますが、その支給水準は業績の達成状況に応じてのものですし、株主総会のご承認をいただいていますので、決定プロセスの透明性・客観性に問題はないと認識しています。

応答例２

当社では、次に説明します役員報酬の基本方針に基づき、報酬諮問委員会で審議した上で、取締役会に答申しています。審議にあたっては、外部調査機関の役員報酬調査データ、業績連動性等の客観的な比較検証を行ったものを答申に反映しています。

当社の役員報酬の基本方針としましては、第1に株主との価値の共有の観点から業績および中長期的な企業価値との連動を重視するものとし、第2に各役員の役割・職責に応じたものとし、第3に社外取締役が過半数を

占める報酬諮問委員会の審議を経る手続により、透明性・客観性を確保するものとする基本方針としています。

　そのような基本方針に基づいて、固定報酬である基本報酬、短期インセンティブとしての賞与（これについては連結純利益の0.5%以内を上限とします）、中長期インセンティブとしての譲渡制限付株式報酬（これについては業績条件を付しています）の3つから構成されています。賞与および譲渡制限付株式報酬については、株主総会において個別のご承認をいただく手続を踏んでおりますし、固定報酬についても株主総会でご承認いただいた報酬限度額の範囲内で役位や職責に応じた額を取締役会の決議により決定していますので、透明性・客観性の点で問題ないと認識しています。

キーワード

役員報酬の基本方針
固定報酬、業績連動報酬

【解説】

　最近の法令改正が役員報酬について規制を強化する方向に沿って行われている状況において、役員報酬の決定過程について質問が提起される可能性がある。役員報酬の決定プロセスの客観性・透明性が確保されているのかどうかについて株主の関心が従来よりも高まっているように思われる。自社の役員報酬の決定方針、決定方法等について説明ができるようにしておく必要がある。

　なお、代表取締役への一任としている企業においては、特に決定過程の透明性について株主が納得できるような応答を用意しておくことが望ましい。

質疑-190　会計不祥事

当社の会計処理は、適正に行われていますか。公表された財務数値を信頼していいのですか。どのような管理体制になっているのか、説明してください。

応答-190

当社では、会計処理に関する検討事項について、定期的に経理・財務の責任者・担当者により十分な議論や検討が行われています。また、その場で解決できないものについては、会計の専門家の意見を仰いでおります。適正な会計処理が行われるように、その管理体制の整備には留意しております。

また、内部の承認手続その他の管理規程が整備されており、内部牽制や内部統制が有効に機能しております。さらに、監査役および内部監査部門の監査、外部の会計監査人の監査も、十分な連携の下で厳格に行われており、不適切な会計処理が行われることがない体制が整備・運用されているものと認識しております。

キーワード

会計処理の適正性

【解説】

会計不祥事について株主の関心は依然として高いため、それに関連した質問が提起される可能性がある。会計に関する内部統制システム、監査の体制などが質問される可能性がある。内部監査と会計監査との連携、監査役と会計監査人との連携など、管理体制や運用状況について説明ができるようにしておく必

要がある。

質疑-191　監査法人のガバナンス・コードへの対応

監査法人のガバナンス・コードに対してどのように対応しているので
しょうか。監査法人との関係は、どのような状況になっていますか。

応答-191

大手を中心とした監査法人の規範となる「監査法人の組織的な運営に関
する原則」（いわゆる監査法人のガバナンス・コード）の中で、監査法人が被
監査会社等との間において会計監査の品質の向上に向けた意見交換や議論
を積極的に行うべきである旨が示されています。当社としては、そのよう
な趣旨を踏まえて、当社の監査役だけでなく、経営幹部と監査法人との間
で意見交換の場を設け、監査上のリスクの認識や理解の共有を図る機会を
設けております。

キーワード

監査法人のガバナンス・コード

【解説】

公認会計士法上、監査法人はパートナーシップの組織形態が前提となってい
る。出資者であるパートナーが経営に関与し、相互に監視することによって組
織の規律が確保される仕組みである。しかし、近年、監査法人の規模は拡大し
ており、経営陣によるマネジメントが規模の拡大と組織運営の複雑化に対応し
きれていないことが、監査の品質確保に問題を生じさせている主な原因の1つ
であることが指摘されていた。「監査法人の組織的な運営に関する原則（監査

法人のガバナンス・コード)」は、組織が有効に機能し、監査の品質確保につながるように、次の内容を定めている。

- 監査法人がその公益的な役割を果たすため、トップがリーダーシップを発揮すること
- 監査法人が、会計監査に対する社会の期待に応え、実効的な組織運営を行うため、経営陣の役割を明確化すること
- 監査法人が、監督・評価機能を強化し、そこにおいて外部の第三者の知見を十分に活用すること
- 監査法人の業務運営において、法人内外との積極的な意見交換や議論を行うとともに、構成員の職業的専門家としての能力が適切に発揮されるような人材育成や人事管理・評価を行うこと
- さらに、これらの取組みについて、分かりやすい外部への説明と積極的な意見交換を行うこと

法的根拠

「監査法人の組織的な運営に関する原則（監査法人のガバナンス・コード)」（監査法人のガバナンス・コードに関する有識者検討会）

9

コーポレートガバナンス・コードへの対応

　コーポレートガバナンス・コードへの対応については、取締役会における審議の過程を踏まえた応答を準備しておくべきである。

質疑-192　政策保有株式の保有方針

　当社は政策保有株式を保有しています。コーポレートガバナンス・コードによれば、政策保有株式の保有目的が適切か、保有に伴う便益やリスクが資本コストに見合っているか等を具体的に精査し、保有の適否を検証するとともに、そうした検証の内容について開示すべきであるとされています。

　当社において、コーポレートガバナンス・コードを踏まえて、取締役会においてどのような検討が行われ、どのような対処がされているのでしょうか。

応答-192

　政策保有株式について、コーポレートガバナンス・コードの考え方を踏まえ、取締役会で審議を行いました。政策保有株式の個々の銘柄について、その保有が資本コストに見合うのかどうかの検証をした結果、資本コストに見合わないと判断された5銘柄について売却を行う方針といたしました。売却した資金は、設備投資・研究開発投資・人材投資等に振り向ける予定です。残りの10銘柄については、いずれも取引関係が良好であり、また、成長性、将来性が認められる先であり、保有することによるリターンが資本コストに十分に見合うと判断いたしました。今後も取引関係の強化を図っていきたいと考えており、保有を継続する方針です。

　なお、政策保有株式については、個別銘柄ごとに、定期的、継続的に、中長期的に資本コストに見合うリターンを上げているかを検証し、見合わ

ないと判断される銘柄については、市場への影響やその他考慮すべき事情にも配慮しつつ売却を行う方針です。

政策保有株式の保有方針

【解説】

　平成30年6月改訂前のコーポレートガバナンス・コードでは、上場企業は、政策保有株式に関して全体的な方針の開示や、保有のねらい・合理性についての具体的な説明をすべきとされていた。また、政策保有株式の議決権行使についても、適切な対応を確保するための基準の策定・開示が定められていた。

　改訂後のコーポレートガバナンス・コードは、次のように記述を改めた。「投資家と企業の対話ガイドライン」（以下、「対話ガイドライン」）の内容と整合させるための改訂ととらえることができる。対話ガイドラインの取扱いをほぼ踏襲している。

原則1-4　政策保有株式

　上場会社が政策保有株式として上場株式を保有する場合には、政策保有株式の縮減に関する方針・考え方など、政策保有に関する方針を開示すべきである。

　また、毎年、取締役会で、個別の政策保有株式について、保有目的が適切か、保有に伴う便益やリスクが資本コストに見合っているか等を具体的に精査し、保有の適否を検証するとともに、そうした検証の内容について開示すべきである。

　上場会社は、政策保有株式に係る議決権の行使について、適切な対応を確保するための具体的な基準を策定・開示し、その基準に沿った対応を行うべきである。

補充原則

> 1-4①　上場会社は、自社の株式を政策保有株式として保有している会社（政策保有株主）からその株式の売却等の意向が示された場合には、取引の縮減を示唆することなどにより、売却等を妨げるべきではない。
> 1-4②　上場会社は、政策保有株主との間で、取引の経済合理性を十分に検証しないまま取引を継続するなど、会社や株主共同の利益を害するような取引を行うべきではない。

重要な変更点

① 改訂前のコードでは、主要な政策保有株式について検証を求めていたのに対して、改訂後は個別の政策保有株式について検証することを求めている。また、資本コストに見合っているか等を具体的に精査するとされており、改訂前よりもより厳格に取り扱われている。

② 改訂前のコードでは、「具体的な説明を行うべき」としていたのに対して、改訂後は「開示すべき」としている。「開示」とされたため、コーポレートガバナンス報告書に記載すべきという意味になる。ただし、開示においては、検証の内容について個別銘柄ごとの詳細なものまで求める趣旨ではないと解されている。

対話ガイドラインでは、「経営陣が、自社の事業のリスクなどを適切に反映した資本コストを的確に把握しているか。その上で、持続的な成長と中長期的な企業価値の向上に向けて、収益力・資本効率等に関する目標を設定し、資本コストを意識した経営が行われているか。また、こうした目標を設定した理由が分かりやすく説明されているか。中長期的に資本コストに見合うリターンを上げているか。」（対話ガイドライン1-2）、「保有する資源を有効活用し、中長期的に資本コストに見合うリターンを上げる観点から、持続的な成長と中長期的な企業価値の向上に向けた設備投資・研究開発投資・人材投資等が、戦略的・計画的に行われているか。」（対話ガイドライン2-1）とされている。

自社の資本コスト（注）を把握し、それを超える成果を上げるための収益力・資本効率等に関する目標を設定し、資本コストを意識した経営を行うべきであるということであり、政策保有株式についても資本コストに見合う保有の意義があるのかどうかについて十分に検証されるべきであるという考え方をとっていると思われる。

　　（注）　会社の資本コストとして、加重平均資本コスト（WACC）を求めることが考えられる。

　また、政策保有株式の縮減に関する方針・考え方など、政策保有に関する方針を開示すべきであるとされ、政策保有株式の保有状況の説明だけではなく、政策保有株式の売却の検討を進める必要があるという一歩踏み込んだ原則が示されている。売却した資金を設備投資・研究開発投資・人材投資等に振り向けることにより、持続的な成長と中長期的な企業価値の向上につながるのかどうかについて、十分に検証すべきであると考えられる。

質疑-**193**　資本政策の内容

当社の資本政策について、詳しくお聞きしたいと思います。

応答-**193**

　当社は、以下のような資本政策を基本としています。

　第1に、当社としては、株主価値が持続的に向上していくことを経営目標としており、事業機会を迅速かつ確実にとらえるために必要な水準の株主資本を確保することを基本的な方針としています。必要となる資本の水準については、事業活動に伴うリスクと比較してその十分性を考慮し、適宜見直しの要否の検討を行う方針です。

　第2に、配当については、半期毎の業績を基準として、配当性向25％を一定の重要指標と考えております。各事業年度の配当の額については、国内外の経済環境の動向、当社の経営環境、業績を総合的に勘案し、決定していく方針です。配当回数については、原則として期末配当と中間配当の年2回といたします。

　第3に、自己株式の取得については、経営環境の変化に機動的に対応し、ROE の改善、株主価値の向上に資する財務政策等の観点から必要であると考えております。自己株式の取得枠の設定を決定した場合には、速やかに公表し、会社で定めた運営方針に従って実行する方針です。

キーワード

資本政策

【解説】

　コーポレートガバナンス・コードにおいて、支配権の変動や大規模な希釈化

をもたらす資本政策（増資、MBO等を含む）については、既存株主を不当に害することのないよう、取締役会・監査役は、株主に対する受託者責任を全うする観点から、その必要性・合理性をしっかりと検討し、適正な手続を確保するとともに、株主に十分な説明を行うべきであるとされている。

　資本政策についても、想定問答を準備しておく必要がある。

質疑-194　ROE（自己資本利益率）の改善見通し

　当社の ROE は、6％程度であると認識しています。株主から調達した資本でどれだけの利益を稼いだのかは重要であり、株主としてもこの指標を重視しています。日本の上場企業の平均的な ROE が10%を超えている状況の中で、当社の現状の数値については株主として不満足ですが、この数値を今後改善できる見込みはあるのですか。具体的な計画をお聞きしたいと思います。

応答-194

　当社の ROE は、令和2年3月期の数字に基づきますと、6.8%です。当社としては、株主の皆様からお預かりした資本をできる限り有効に活用しようと考えております。3か年中長期計画において、ROE を10%まで改善する目標を定めております。すでに公表しておりますように、その目標数字を達成するために、遊休資産の売却、不採算事業の整理等をより一層進め、それによって生じた余剰資金による自己株式の取得を並行して進めていく方針です。その点、どうかご理解をお願いしたいと思います。

キーワード

ROE の改善

【解説】

　議決権行使助言会社の最大手の会社が、議決権行使基準の中で、過去5期平均かつ直近期の自己資本利益率（ROE）が5％を下回る企業の経営トップに反対推奨する旨を盛り込み、話題になったことはまだ記憶に新しい。株主の間で、株主資本が有効に活用されているのかどうかという意識が浸透してきたことも事実である。

　ROEは、当期純利益を株主資本の額で除することにより算出される。したがって、余剰資金がある場合には自己株式の取得により株主資本を圧縮することにより改善できる。ただし、株主資本を圧縮することにより、当期純利益が減少し、それによりROEが悪化してはならないため、自己株式の取得に充てる財源はあくまでも利益の獲得に有効に活用されていない資金、または、活用される見込みのない資金でなければならない。したがって、遊休資産の売却、不採算事業の整理等により生じた余剰資金を自己株式の取得に充てる場合は、ROEが顕著に改善することになる。

質疑-195　インセンティブ付けを行う報酬制度

コーポレートガバナンス・コードにおいて、役員にインセンティブ付けを行う役員報酬制度の重要性が書かれています。当社においては、インセンティブ報酬制度についてどのようにお考えですか。そのような制度を導入することにより、ROE が改善し、株価が上がるのであれば株主としても賛成ですが。

応答-195

役員報酬については、当社といたしましても、株式報酬や業績連動型報酬の導入について、鋭意検討を行っております。法務および税務などの制度について一定の整備がされた状況の中で、当社の経営の実情や今後の経営方針に最も適した報酬制度のあり方を十分に議論させていただいております。法務と税務の専門家の意見も聴取しながら、各制度のメリット・デメリットを検証しているところであります。具体的な内容が決まりましたら、株主の皆様にお知らせいたしますし、ご承認が必要なものについては、株主総会にしかるべく議案を諮る予定です。

キーワード

インセンティブ付けを行う役員報酬制度

【解説】

コーポレートガバナンス・コードにおいて、「経営陣の報酬については、中長期的な会社の業績や潜在的リスクを反映させ、健全な企業家精神の発揮に資するようなインセンティブ付けを行うべきである。」（原則 4-2）と記述され、経営陣報酬へのインセンティブ付けを行うことの重要性が明記され、さらに「経

営陣の報酬は、持続的な成長に向けた健全なインセンティブの1つとして機能するよう、中長期的な業績と連動する報酬の割合や、現金報酬と自社株報酬との割合を適切に設定すべきである。」（補充原則4-2①）とされ、中長期の業績に連動する報酬・株式報酬の活用促進が明確化された。

　こうした背景のもと、平成27年7月24日に「コーポレート・ガバナンス・システムの在り方に関する研究会」が取りまとめた報告書「コーポレートガバナンスの実践～企業価値向上に向けたインセンティブと改革～」において、新しい株式報酬の導入に関する会社法上の整理が行われている。

　また、平成28年度税制改正において、役員に「攻めの経営」を促す役員給与等に係る税制の整備として、①役員へ付与した株式報酬（いわゆる「リストリクテッド・ストック」）を届出が不要となる事前確定届出給与の対象とする等の制度整備を行う、②利益連動給与の算定指標の範囲等について明確化を行う等の措置（ROEに連動する設計も可能）が講じられ、平成29年度税制改正により、利益連動給与が業績連動給与と改められ、①株式による給与を含める、②売上高の状況を示す指標、株価の状況を示す指標が追加され、平成31年度税制改正により、業績連動給与に係る損金算入手続について、報酬委員会等における審議を充実させ、効果的に活用する観点から報酬委員会等の構成の要件等の見直しが行われるなど、一連の重要な改正が行われてきた。

　これらの制度改正を踏まえて、各企業において、すでに一定の制度が導入され、または、一定の検討が行われている状況である。

質疑-196　ESG に対する経営方針と取組み

日本においても、ESG に対する社会的な意識が醸成されてきています
が、当社としてはどのような方針の下で、どのような取組みを進めている
のですか。

応答-196

環境への配慮、社会への貢献およびガバナンスの強化を通じて、社会の
持続可能性（サステナビリティ）向上に取り組んでいくことは、上場企業
としての当社に期待されている社会的責務であり、企業価値向上を図る上
でも必要であると認識しています。

この考え方・方針を実践していくために、当社においては、サステナビ
リティの重要課題と基本方針を定めた「サステナビリティ方針」を策定し
ています。

具体的な取組みとしては、省エネ設備の導入、資源の効率利用、廃棄物
の抑制、再生可能資源のリサイクルの推進、災害対策の推進、社員の環境
意識の向上を図るための社内研修の実施、多様な人材の適材適所での活用、
ライフスタイルに応じた柔軟な働き方の支援などです。また、今後もステー
クホルダーに対する ESG に関する情報の開示を行っていきます。

キーワード

ESG

（注）　ESG とは、Environment、society and（corporate）governance の略語で
ある。企業や機関投資家が持続可能な社会の形成に寄与するために配慮す
べき 3 つの要素とされる「環境・社会・企業統治」を示す言葉である。

【解説】

　欧米では、投資先企業の環境・社会問題・企業ガバナンス（ESG）への取組み状況を投資判断に組み入れる社会的責任投資（SRI）の投資規模が拡大している状況にある。企業は、株主を含めたステークホルダーに向けて自社のESGへの取組み状況にかかる情報発信をする要請が増しているといえる。

　我が国の投資家サイドにおいても、SRIへの関心が高まっており、投資情報としてのESG開示の充実を求める声は強いようである。我が国においては、環境に関する情報開示が相対的に進んでいる一方、社会問題やガバナンスの開示では、欧米に一歩遅れており、一層の充実が期待されると考えられている。

　コーポレートガバナンス・コードでは、基本原則2の考え方に、ESGへの取組みの重要性が示されている。

基本原則2の考え方

> 　上場会社には、株主以外にも重要なステークホルダーが数多く存在する。これらのステークホルダーには、従業員をはじめとする社内の関係者や、顧客・取引先・債権者等の社外の関係者、更には、地域社会のように会社の存続・活動の基盤をなす主体が含まれる。上場会社は、自らの持続的な成長と中長期的な企業価値の創出を達成するためには、これらのステークホルダーとの適切な協働が不可欠であることを十分に認識すべきである。
>
> 　また、近時のグローバルな社会・環境問題等に対する関心の高まりを踏まえれば、いわゆるESG（環境、社会、統治）問題への積極的・能動的な対応をこれらに含めることも考えられる。上場会社が、こうした認識を踏まえて適切な対応を行うことは、社会・経済全体に利益を及ぼすとともに、その結果として、会社自身にも更に利益がもたらされる、という好循環の実現に資するものである。

　また、基本原則3の考え方に、次のようにESG等を含めた非財務情報の開示が利用者にとって有益となるように、取締役会が積極的に関与する必要がある点を明記している。

基本原則3の考え方

　我が国の上場会社による情報開示は、計表等については、様式・作成要領など
が詳細に定められており比較可能性に優れている一方で、会社の財政状態、経営
戦略、リスク、ガバナンスや社会・環境問題に関する事項（いわゆるESG要素）
などについて説明等を行ういわゆる非財務情報を巡っては、ひな型的な記述や具
体性を欠く記述となっており付加価値に乏しい場合が少なくない、との指摘もあ
る。取締役会は、こうした情報を含め、開示・提供される情報が可能な限り利用
者にとって有益な記載となるよう積極的に関与を行う必要がある。

法的根拠

コーポレートガバナンス・コードの基本原則2および3の考え方

【著者プロフィール】

太田 達也（おおた たつや）

公認会計士・税理士

〈略歴〉
昭和56年慶應義塾大学経済学部卒業。第一勧業銀行（現 みずほ銀行）勤務を経て、昭和63年公認会計士第2次試験合格後、太田昭和監査法人（現 EY新日本有限責任監査法人）入所。平成4年公認会計士登録。

〈現在の主な業務〉
主に上場企業の監査業務を経験した後、現在EY新日本有限責任監査法人のナレッジ本部にて、フェローとして会計・税務・法律など幅広い分野の助言・指導を行っている。また、豊富な実務経験・知識・情報力を活かし、各種実務セミナー講師として活躍中で、実務に必須の事項を網羅した実践的な講義には定評がある。

〈主な著書〉
『決算・税務申告対策の手引―令和2年3月期決算法人対応』、『「収益認識会計基準と税務」完全解説』、『消費税の「軽減税率とインボイス制度」完全解説(改訂版)』、『「解散・清算の実務」完全解説(第3版)』、『「同族会社のための合併・分割」完全解説』、『「純資産の部」完全解説(第4版)』、『「固定資産の税務・会計」完全解説(第6版)』、『合同会社の法務・税務と活用事例(改訂版)』、『事業再生の法務と税務』、『「債権処理の税務・会計・法務』、『「リース取引の会計と税務」完全解説』、『「役員給与の実務」完全解説(改訂二版)』、『事業承継とM&A・株式制度の活用』、『新会社法の完全解説(改訂増補版)』、『「増資・減資の実務」完全解説(改訂増補版)』、『減損会計早期適用会社の徹底分析(編著)』、『改正商法の完全解説(改訂増補版)』、『商法施行規則の完全解説』、『減損会計の仕組みと業種別対応のすべて』、『平成13・14年改正商法の実務Q&A』、『会計便利事典(編著)』（以上、税務研究会出版局）。
『会社法決算書作成ハンドブック(2018年版)』、『四半期決算のすべて』、『会社法決算のすべて(全訂版)』、『新会社法と新しいビジネス実務』、『新会社法とビジネス実務への影響』、『取締役・執行役(共著)』（以上、商事法務）。
『外形標準課税実務ハンドブック』、『商法決算ハンドブック(第2版)』、『完全図解 商法抜本改正のすべて』、『減損会計と税務』、『四半期開示なるほどQ&A』、『完全図解 外形標準課税のすべて』、『不良債権の法務・会計・税務』、『自己株式・法定準備金・新株予約権の法務・会計・税務(第2版)』、『完全図解 連結納税のすべて』、『完全図解 減損会計のすべて』、『金融商品の会計と税務(第2版)』、『四半期決算の会計処理』、『四半期開示の実務』、『図解よくわかる外形標準課税』、『会社分割の法務・会計・税務(編著)』（以上、中央経済社）。
『現物分配の法務・税務』、『減損会計実務のすべて(第3版)』（以上、税務経理協会）。
『平成28年版 取締役・監査役必携 株主総会の財務会計に関する想定問答(共著)』、『例解 金融商品の会計・税務』、『会社法と税理士業務(編著)』（以上、清文社）。
ほか雑誌「週刊税務通信」「週刊経営財務」など専門誌に執筆多数。

株主総会質疑応答集
財務政策

発行日　2020年4月10日
著　者　太田　達也

発行者　橋詰　守

発行所　株式会社　ロギカ書房
　　　　〒101-0052
　　　　東京都千代田区神田小川町2丁目8番地
　　　　進盛ビル303号
　　　　Tel 03（5244）5143
　　　　Fax 03（5244）5144
　　　　http://logicashobo.co.jp/

印刷・製本　亜細亜印刷株式会社

978-4-909090-38-6　C2034